누구나
따라하면
키워지는

핵심역량
교수법

누구나
따라하면
키워지는

핵심역량
교수법

허성희 · 최난경 · 정인숙 · 한윤선 지음

'새 술은 새 부대에 담아라.' 라는 옛말이 있습니다.

새로 술을 담가서 숙성시킬 때 기존에 썼던 부대를 그대로 사용하면 숙성 과정에서 술이 팽창하면서 부대가 터지게 되니 새로운 부대가 필요하다는 말입니다. 즉 새로운 것은 새로운 환경에서 해야 좋다는 의미입니다.

이 말을 교육 분야에 적용하면 어떨까요?

4차 산업혁명, 인공지능(AI), AR, VR, 공유경제, 드론 등은 이미 우리 삶 속으로 들어와 있습니다. 기술이 이끌어 가는 사회는 교육 환경을 다양한 모습으로 변화시키고 있습니다. 미래가 요구하는 인재는 과거와 달라지고 있습니다. 이에 따라 우리나라의 교육 환경도 변화의 물결을 타고 진행 중입니다. 미래가 요구하는 인재 육성을 위해 2015 개정 교육과정이 탄생하게 된 배경입니다.

새로운 교육과정의 등장은 학습수체가 되는 학생과 학부모에겐 민감한 부분입니다. 가장 먼저 걱정하는 것은 미래 인재 조건의 변화보다 대입이 어떻게 변화할 것인가에 대한 부분입니다.

교육 과정이 바뀔 때마다 새로운 환경에 적응하는 일은 어떤가요?
쉽지 않습니다.

기술의 시대로 급변하는 흐름에서는 인문학적 소양도 높여야 하고 하루가 멀다 하고 쏟아져 나오는 지식도 끊임없이 습득해야 합니다.

학교 안에서 학습자는 개정 교육 과정의 변화에 적응 하는 것 외에도 학교 밖에서 다양한 학습에 대한 요구를 받고 있습니다.

기본적인 학습을 위한 교과서의 지식 습득은 물론 교과서 밖 다양한 독서 활동, 그 외 직·간접직인 체험과 같은 많은 활동을 하고 있습니다.

『누구나 따라하면 키워지는 핵심역량 교수법』은 변화된 2015 개정 교육 과정에 기초한 가이드북으로 교수자와 학습자를 위해 기획하였습니다.

한국콘텐츠융합연구소의 연구진들은 오랜 기간 미디어, 독서, NIE, 체험 교육 등 다양한 현장에서 수많은 콘텐츠를 개발하며 프로그램을 진행해 왔습니다. 특히 2015 개정 교육과정에서 핵심역량을 키우기 위한 교육 콘텐츠가 교육 현장에서 부족하다는 것을 절감하고 '누구나 따라하면 키워지는 핵심역량'을 개발하게 되었습니다.

주교구로서 책과 영상, 기사 등 미디어를 사용하여 설계하였습니다.

학습대상자는 초등 5학년부터 중학생을 대상으로 *2교시 분량의 블럭타임 수업(80~100분)으로 설계하였습니다.*

기존의 교수자 중심의 수업지도안을 모두 학습자 중심의 활동지도안으로 수정하고 현장에서 교수자들이 각자의 수업목표에 따라 선택하여 활용할 수 있도록 수업 방법을 담았습니다.

관련성취기준과 기능요소를 포괄적으로 담아 활동지는 활동 전 양식과 활동 후 예시자료를 모두 제공했습니다.

실제 수업을 통해 완성된 활동지도안과 수업자료는 그림책, 영상 등으로 시범 수업을 진행하고 결과물을 넣어 완성도를 높였습니다.

『누구나 따라하면 키워지는 핵심역량 교수법』에 사용된 용어 설명과 바로 사용할 수 있는 예시 이미지, 활동지와 꾸미기 자료 예시까지 모두 담아

교육현장에서 교수자가 쉽게 참고하도록 하였습니다.

핵심역량의 여섯 가지의 '에듀 북메이킹' 활동에 적합한 수업과정의 평가까지 수록하였습니다.

합숙 회의까지 감행하며 내용이 진척되고 있을 때 큰 위기를 겪었습니다.

우리 한국콘텐츠융합연구소의 'mem: media edu makers' 팀은 『누구나 따라하면 키워지는 핵심역량 교수법』이 2015 개정 교육과정에 보다 실용적인 접근이 필요하다는 판단을 하고 지금까지 준비한 모든 형식과 틀을 수정해야한다는 결론에 이른 것이었습니다. 계획했던 2018년 출판 목표를 포기하고 기획회의부터 다시 시작하였습니다.

오랜 고민 끝에 두 번의 봄, 여름, 가을, 겨울을 거치고 탄생한 『누구나 따라하면 키워지는 핵심역량 교수법』 출간과정에서 애써주신 분들께 고마움을 전합니다.

샘플 제작을 위해 도서관 수업에 도움을 주신 양천도서관 관계자분들과 학생들에게 감사드립니다.

첫 공동 출간작업에 혈연과 지연에 엮여 열정 페이로 참여해 멋진 이미지를 그려주고 이론 자료 검색과 네이밍 작업, 샘플 제작을 위해 참여한 학생들에게도 고마움을 전합니다.

2019년 5월 mem 연구원 일동

르네 데카르트는 "좋은 책을 읽는 것은 과거 몇 세기의 가장 훌륭한 인물들과 이야기를 나누는 것과 같다"라고 했다. 좋은 책은 우울증, 자살충동, 열등감 극복, 자신감 부족 등 잠재되어 있는 상처들을 치유할 수 있다. 책은 치유뿐만 아니라 자신의 부족한 역량 개발에도 도움을 준다. 2015 개정 교육과정에서는 이과 문과의 영역을 구분하지 않고 4차 산업혁명 시대의 인재를 키우기 위해 학생들의 상상력을 키우고 잠재되어 있는 능력을 표출할 수 있도록 수업 시간에 핵심역량에 기반한 교육을 실시하도록 하고 있다.

2015 개정 교육과정의 6대 핵심역량은 '자기관리 역량, 지식정보처리 역량, 창의적 사고 역량, 심미적 감성 역량, 의사소통 역량, 공동체 역량'이다. 초·중등학교 2015 개정 교육과정 총론에서 교과교육을 포함한 학교 교육 전 과정을 통해 중점적으로 기르도록 하고 있다. 기존의 강의식 수업과 교사 주도적인 교실 환경을 학생주도, 토의·토론이 이루어지는 교실, 체험 활동 위주의 수업으로 교과서를 재구성하여 교실 환경을 변화시켜야 한다는 의미이기도 하다.

교육과정 총론에서 목표를 제시하고는 있지만 학교 현장에서 얼마나 이 지침을 잘 적용하느냐가 매우 중요한 관건이다. 연수를 통해서 교사 개개인

이 변화를 가져오고, 각각의 핵심역량 개발을 위해 교사가 교과서를 재구성해서 가르치려 하고 있다.

하지만 학교 밖 교육에서 핵심역량을 키울 수 있는 방법에는 무엇이 있을까? 어떤 프로그램들이 있을까? 이 문제를 한국콘텐츠융합연구소가 그림책, 영상, 뉴스 등의 미디어를 활용하여 누구나 따라하면서 역량을 키워갈 수 있는 프로그램을 개발하였다. 『누구나 따라하면 키워지는 핵심역량 교수법』은 초·중등 학생들이 다양한 미디어와 각 역량별로 선택한 그림책을 통해 잠재되어 있는 역량을 스스로 발견해 성장시킬 수 있도록 구성되어 있다.

교수자의 입장에서는 『교육과정-수업-평가-기록의 일체화』를 일관성 있게 진행할 수 있다. 핵심역량별 교수법을 수업 전 과정에 제공받음으로써 과정 중심의 수업을 진행한 후 평가에 적용 가능하다. 교수자는 각자 수업에 필요한 역량별 그림책과 다양한 미디어를 활용한 수업에서 학생 스스로가 책 만들기를 완성함으로써 각 역량별 성장을 경험할 수 있게 된다.

인공지능, 로봇, 빅데이터, 드론, 사물인터넷 등의 미래 사회에는 지금 방식의 사고와 교육제도로는 발전해 나갈 수 없다. 4차 산업혁명 시대에 요구되는 비판적 사고능력, 창의능력, 협업능력, 의사소통능력, 문제해결능력을 갖춘 인재로 키우기 위해서는 학교 현장에서 뿐만 아니라 학교 밖에서도 6대 핵심역량을 키우는 활동이 이루어져야 한다. 『누구나 따라하면 키워지는 핵심역량 교수법』이 그 역할을 하길 기대해 본다.

서울 장충중학교 교사 김원배

2015 개정 교육과정에서 가장 중요시하는 '핵심역량함양'이라는 큰 과제를 학교 현장에서 쉽고 현실성 있게 적용하기 위해 깊은 고민에 빠져 있을 때, 한국콘텐츠융합연구소에서 핵심역량 관련 책을 연구·개발 했다는 소식을 접했습니다. 『누구나 따라하면 키워지는 핵심역량 교수법』에는 그림책과 영상, 뉴스 등 미디어를 활용한 체계적인 수업 방법과 구체적인 예시가 담겨있습니다. 현장에서 직접 아이들을 지도하고 호흡해 본 사람뿐만 아니라 누구나 쉽게 활용할 수 있는 유용한 내용이 가득했습니다.

『누구나 따라하면 키워지는 핵심역량 교수법』이라는 책은 저의 머리를 맑게 해주었습니다. 6대 핵심역량을 골고루 향상시키면서 학생들의 흥미를 유발할 수 있는 방법들을 쉽게 설명해 주고 있습니다. 과정별로 중점을 두어야 할 부분들을 구체적 질문으로 제시함으로써 수업 목표가 흔들리지 않고 마칠 때 까지 일관성 있게 진행하도록 이정표를 제시하고 있습니다.

2015 개정 교육과정이 제시한 핵심원리를 중심으로 수업 설계와 진행 과정에서 학습자가 스스로 참여하도록 안내하고 있습니다. 수업 과정에서 학습과 연계한 과정평가 실시를 해결할 수 있습니다. 『교육과정-수업-평가-기록 일체화』를 위해 흥미롭고 재미있는 수업으로 학습효과를 극대화하고 교

수·학습 방법을 실현하는 과정에서 교사는 학습자의 성장 정도를 객관적으로 평가할 수 있고, 학습자 또한 상호평가를 통해 객관적으로 볼 수 있게 하였습니다.

청소년 대상으로 오랜 기간 다양한 매체를 활용한 수업을 실시해 온 강사들의 경험과 방법이 고스란히 담겨 있습니다. 학습자인 청소년들 스스로가 수업에 흥미를 느끼며 참여하는 방법과 완성도 있는 책만들기 활동방법을 제시하고 있습니다. 이를 통해 학습자와 교수자 모두가 변화된 교육 과정에 주체적인 참여자가 되는 것입니다.

핵심역량을 향상하기 위한 수업을 구상하는데 좋은 아이디어를 제공하는 책으로서 누구나 한번 따라해 보면 핵심역량 함양이라는 과제를 학교 현장에서 충분히 잘 풀 수 있는 책으로 후회하지 않으리라 확신합니다.

오늘부터 Go!, Go!

용인 서원고등학교 교사 김현경

목 차

2015 개정 교육과정과 핵심역량

1. 2015 개정 교육과정의 개정 배경 및 방향

1) 교육과정 개정의 배경

최근 세계적으로 급변하는 사회 환경과 첨단기술의 영향으로 산업구조와 인구 구성이 급격히 변화하고 있다. 따라서 미래를 대비하여 학습자들이 사회구성원으로서 역할을 수행하기 위해 필수적으로 갖추어야 할 역량의 필요성에 대한 논의가 활발히 이루어지고 있다.

Dubois(1993)에 따르면 '역량(competency)'이란 다양한 상황에서 자신에게 주어진 업무나 과제를 효과적으로 수행하기 위해 필요한 지식, 기술, 태도의 집합체를 의미한다. 이러한 역량 가운데 조직구성원 모두가 반드시 갖추어야 할 최소한의 공통 필수역량을 '핵심역량(core competency)'으로 정의한다.

과거의 교육은 주로 교과 및 학문영역에 따른 '교수내용'에 초점을 맞추어 이루어져 왔다. 반면 21세기 미래 교육은 우리 사회가 추구하는 가치나 비전을 달성할 수 있도록 개개인의 핵심역량 개발을 지원하는 데 주력할 필요가 있다.

2015 개정 교육과정 적용 일정

'15년 9월 : 「2015 개정 교육과정」고시

'17년 3월 : 초1~2학년 적용

'18년 3월 : 초1-4학년, 중1학년, 고1학년 적용

'19년 3월 : 초1-6학년 중1~2학년, 고1~2학년 적용

'20년 3월: 초1~고3학년 전 학년 적용

교육부 자료 참조

2015 개정 교육과정의 특징

교육과정 개정 방향의 주요 내용
- 창의융합형 인재 양성
- 모든 학생이 인문•사회•과학기술에 대한 기초 소양 함양
- 학습량 적정화, 교수•학습 및 평가방법 개선을 통한 핵심역량 함양 교육
- 교육과정과 수능•대입제도 연계, 교원 연수 등 교육 전반 개선

교과교육과정 개정 방향
- 교과교육과정 개정 기본방향 제시
- 핵심개념 중심의 학습량 적정화
- 6대 핵심역량 반영
  - 의사소통 역량
  - 자기관리 역량
  - 지식정보처리 역량
  - 심미적 감성 역량
  - 창의적 사고 역량
  - 공동체 역량
- 학생참여중심 교수•학습방법 개선
- 과정중심 평가 확대

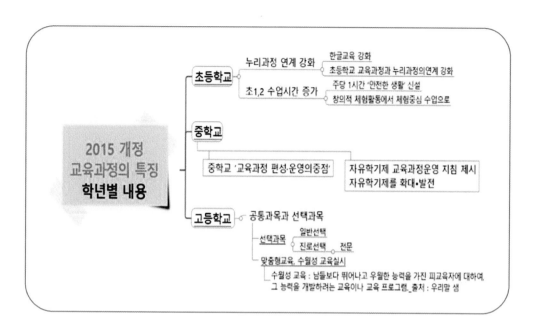

2015 개정
교육과정의 특징
학년별 내용

- **초등학교**
  - 누리과정 연계 강화
    - 한글교육 강화
    - 초등학교 교육과정과 누리과정의 연계 강화
  - 초1,2 수업시간 증가
    - 주당 1시간 '안전한 생활' 신설
    - 창의적 체험활동에서 체험중심 수업으로
- **중학교**
  - 중학교 '교육과정 편성·운영의 중점' — 자유학기제 교육과정운영 지침 제시
    자유학기제를 확대·발전
- **고등학교**
  - 공통과목과 선택과목
  - 선택과목
    - 일반선택
    - 진로선택 — 전문
  - 맞춤형교육, 수월성 교육실시
    - 수월성 교육 : 남들보다 뛰어나고 우월한 능력을 가진 피교육자에 대하여,
      그 능력을 개발하려는 교육이나 교육 프로그램. 출처 : 우리말 샘

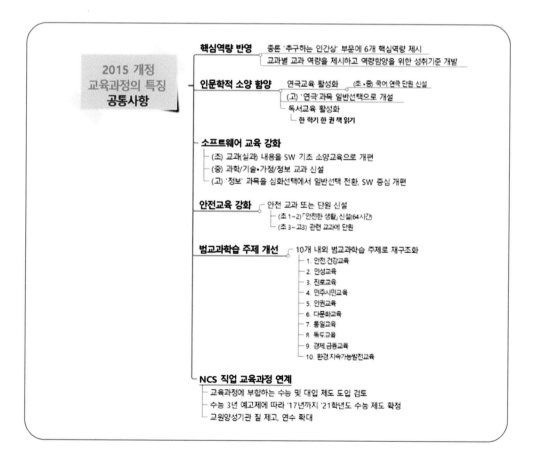

2015 개정
교육과정의 특징
공통사항

- **핵심역량 반영**
  - 총론 '추구하는 인간상' 부문에 6개 핵심역량 제시
  - 교과별 교과 역량을 제시하고 역량함양을 위한 성취기준 개발
- **인문학적 소양 함양**
  - 연극교육 활성화
    - (초·중) 국어 연극 단원 신설
    - (고) '연극' 과목 일반선택으로 개설
  - 독서교육 활성화
    - 한 학기 한 권 책 읽기
- **소프트웨어 교육 강화**
  - (초) 교과(실과) 내용을 SW 기초 소양교육으로 개편
  - (중) 과학/기술·가정/정보 교과 신설
  - (고) '정보' 과목을 심화선택에서 일반선택 전환, SW 중심 개편
- **안전교육 강화**
  - 안전 교과 또는 단원 신설
    - (초 1~2)'안전한 생활' 신설(64시간)
    - (초 3~고3) 관련 교과에 단원
- **범교과학습 주제 개선**
  - 10개 내외 범교과학습 주제로 재구조화
    - 1. 안전·건강교육
    - 2. 인성교육
    - 3. 진로교육
    - 4. 민주시민교육
    - 5. 인권교육
    - 6. 다문화교육
    - 7. 통일교육
    - 8. 독도교육
    - 9. 경제·금융교육
    - 10. 환경·지속가능발전교육
- **NCS 직업 교육과정 연계**
  - 교육과정에 부합하는 수능 및 대입 제도 도입 검토
  - 수능 3년 예고제에 따라 '17년까지 '21학년도 수능 제도 확정
  - 교원양성기관 질 제고, 연수 확대

2) 미래사회의 특징과 교육환경의 변화

한국정보화진흥원(2009, 2010)에 따르면 과학기술정보화가 가속화되는 미래 사회는 다음과 같은 특징을 지닌다.

① 글로벌화로 인한 무한 확장과 무한 경쟁
② 다각화된 사회구조와 인구구조로 인한 개인화, 다원화의 확산
③ 첨단기술의 발달과 보급으로 인한 가상공간의 중요성 증대
④ 하이테크(high tech)와 함께 하이터치(high touch)의 중요성이 강조되는 디지털 휴머니즘 기술의 발달
⑤ 사회적 자본으로서의 신뢰와 윤리의식 강화

이처럼 급변하는 사회 환경을 고려하여 학교교육에 있어서도 기존 교육 목표와 내용, 방법에서는 담아내지 못했던 새로운 가치에 주목하고 그에 걸맞은 교육목표와 운영체계를 수립할 필요가 있다. 이러한 맥락에서 OECD 는 <Schooling for Tomorrow> 프로젝트[1]를 통해 변화하는 사회적 환경과 미래사회의 요구에 대비하기 위한 학교교육의 발전방향을 제시한 바 있다.

2. 교육과정 구성의 방향

1) 추구하는 인간상

국가 교육과정에서는 우리나라 초·중등교육이 추구해 나가야 할 교육 비전으로서 교육적 인간상을 제시해 왔다. 2015 개정 교육과정에서도 기존의 '교육적 인간상' 이라는 큰 틀을 유지하면서 미래 사회가 요구하는 핵심

---

[1] https://www.oecd.org <Schooling for Tomorrow> 프로젝트

역량을 포함하여 제시하였다.

> 우리나라의 교육은 홍익인간의 이념 아래 모든 국민으로 하여금 인격을 도야하고, 자주적 생활능력과 민주 시민으로서 필요한 자질을 갖추게 함으로써 인간다운 삶을 영위하게 하고, 민주 국가의 발전과 인류 공영의 이상을 실현하는 데에 이바지하게 함을 목적으로 하고 있다.
>
> -교육부-

교육부에서는 2015 개정 교육과정에서 추구하는 인간상을 다음과 같이 제시하고 있다.

가. 전인적 성장을 바탕으로 자아정체성을 확립하고 자신의 진로와 삶을 개척하는 자주적인 사람

자주적인 사람은 전인(全人)적 성장을 도모하며, 이를 바탕으로 자존감과 자신감을 높이고, 긍정적인 자아정체성을 형성하여 자신의 진로와 삶을 개척하는 사람을 뜻한다. 전인적 성장이란 학생들의 몸과 마음이 고루 발달하여 건강하고 바른 인격을 갖춘 사람이 되는 것을 의미한다.

나. 기초 능력의 바탕 위에 다양한 발상과 도전으로 새로운 것을 창출하는 창의적인 사람

창의적인 사람은 다양한 영역에 대한 폭넓은 기초 지식과 자신의 전문 영역에 대한 깊이 있는 지식을 바탕으로 논리적이면서도 새로운 통찰력, 융통성 있는 발상의 전환, 새로운 일에 대한 개방적인 태도 등을 통해서 새롭고 독창적인 아이디어를 산출해 내는 사람이다.

다. 문화적 소양과 다원적 가치에 대한 이해를 바탕으로 인류 문화를 향
   유하고 발전시키는 교양 있는 사람

교양 있는 사람은 인류 문화의 여러 영역에서 소양을 함양하고 다양한 문
화에 대한 감수성과 공감적 이해 능력을 습득함으로써, 인류 문화를 심미적
으로 향유하고 지속적으로 발전시키며 행복하고 품격 있는 삶을 사는 사람
이다.

라. 공동체 의식을 가지고 세계와 소통하는 민주 시민으로서 배려와 나눔
   을 실천하는 더불어 사는 사람

더불어 사는 사람은 공동체 의식과 민주 시민 의식을 갖춘 사람이며, 보
다 나은 사회를 만들기 위한 다양한 활동에 적극적으로 참여하고 배려와 나
눔을 실천할 수 있어야 한다.

2) 2015 개정 교육과정과 핵심역량

2015 개정 교육과정이 추구하는 인간상을 구현하기 위해 중점적으로 기
르고자 하는 핵심역량은 다음과 같다.

의사소통 역량

다양한 상황에서 자신의 생각과 감정을 효과적으로 표현하고 다른
사람의 의견을 경청하며 존중하는 역량

[말하기, 듣기, 쓰기, 읽기, 텍스트 이해, 타인 이해 및 존중, 배려 등]

자기관리 역량

자아 정체성과 자신감을 가지고 자신의 삶과 진로에 필요한 기초
능력과 자질을 갖추어 자기주도적으로 살아갈 수 있는 역량

[자아정체성 확립, 자기 통제, 여가 선용, 건강 관리, 기초학습 능력,
자기주도 학습능력, 합리적 경제 활동, 기본 생활 습관, 진로 개발 능력 등]

지식정보처리 역량

문제를 합리적으로 해결하기 위하여 다양한 영역의 지식과 정보를
처리하고 활용할 수 있는 역량

[논리적 비판적 사고를 통한 문제 인식, 정보 수집·분석·활용 등을 통한 문제
해결 방안의 탐색, 해결 방안의 실행 평가, 매체 활용 능력 등]

추구하는 인간상을 구현하기 위한 핵심역량

심미적 감성 역량

인간에 대한 공감적 이해와 문화적 감수성을 바탕으로 삶의 의미와 가치를
발견하고 향유하는 역량

[문화적 감수성, 다원적 가치 존중, 공감, 상상력 등]

창의적 사고 역량

기초 지식을 바탕으로 다양한 전문 분야의 지식, 기술, 경험을 융합적으로
활용하여 새로운 것을 창출하는 역량

[유창성, 융통성, 독창성, 정교성, 유추성, 민감성, 개방성, 독립성, 과제
집착력, 자발성 등]

공동체 역량

지역·국가·세계 공동체의 구성원에게 요구되는 가치와 태도를 가지고
공동체 발전에 적극적으로 참여하는 역량

[시민의식, 준법 정신, 환경 의식, 윤리 의식, 봉사 정신, 규범 및 질서
의식, 협동, 갈등 관리, 리더십 등]

가. 자아정체성과 자신감을 가지고 자신의 삶과 진로에 필요한 기초 능력과 자질을
　　갖추어 자기 주도적으로 살아갈 수 있는 자기관리 역량

　자기관리 역량이란 자신의 삶, 학습, 건강, 진로에 필요한 기초적 능력 및
자질을 지속적으로 계발·관리하고, 변화하는 사회에 유연하게 적응하며 살
아갈 수 있는 능력을 의미한다.

　하위 요소에는 자아정체성 확립, 자신감 획득, 자기 통제 및 절제, 기본
생활 습관 형성, 자신의 감정 조절, 건강관리, 기초학습능력 및 자기주도 학
습능력, 진로개발 능력, 합리적 경제생활, 여가 선용 등이 포함될 수 있다.

나. 문제를 합리적으로 해결하기 위하여 다양한 영역의 지식과 정보를 처리하고 활
　　용할 수 있는 지식정보처리 역량

　지식정보처리 역량이란 학습과 삶 등에서 직면하게 되는 문제를 해결하
기 위하여 다양한 정보와 자료를 수집·분석·평가·선택하고, 적절한 매체
를 활용하여 지식과 정보와 자료를 효과적으로 처리함으로써 합리적으로
문제를 해결할 수 있는 능력을 의미한다.

　이것은 단지 컴퓨터와 인터넷을 통해 수집된 정보를 다루는 것에 제한되
는 것이 아니라, 다양한 종류의 지식을 다루는 것을 포함한다. 또한 '처리'
한다는 용어 역시 모든 자료를 수집·분석·평가·선택하여 활용함으로써
궁극적으로 합리적인 문제 해결을 한다는 것을 의미한다. 이 점에서 지식정
보처리 역량은 문제해결 능력과 밀접하게 관련된다.

　하위 요소에는 논리적, 비판적 사고를 통한 문제 인식, 지식정보의 수집·
분석·활용 등을 통한 문제 해결 방안의 탐색, 해결 방안의 실행 및 평가,
매체 활용 능력 등이 포함될 수 있다.

다. 폭넓은 기초 지식을 바탕으로 다양한 전문 분야의 지식, 기술, 경험을 융합적으로 활용하여 새로운 것을 창출하는 창의적 사고 역량

창의적 사고 역량이란 다양한 영역에 대한 폭넓은 기초 지식과 자신의 전문 영역에 대한 깊이 있는 지식을 바탕으로 새롭고 독창적인 아이디어를 산출해내고, 다양한 분야의 지식·기술·경험을 융합적으로 활용할 수 있는 능력을 의미한다.

창의적 사고 역량은 인지적 측면, 정의적 측면으로 나뉘고 하위 요소에는 유창성, 융통성, 독창성, 정교성, 유추성, 민감성, 개방성, 독립성, 과제집착력, 자발성, 융합적 사고 등이 포함될 수 있다.

라. 인간에 대한 공감적 이해와 문화적 감수성을 바탕으로 삶의 의미와 가치를 발견하고 향유하는 심미적 감성 역량

심미적 감성 역량이란 다양한 가치에 대한 개방적 태도와 반성적 성찰을 통해서 자신과 타인과 사회 현상들을 공감하고, 문화적 소양과 감수성을 통해 삶의 의미와 사물들의 아름다움과 가치를 발견하고 향유하며, 이를 바탕으로 질 높은 삶과 행복을 누릴 수 있는 능력을 의미한다.

하위 요소에는 문화적 소양과 감수성, 문화적 상상력, 타인의 경험 및 인간에 대한 공감 능력, 다양한 가치에 대한 존중, 정서적 안정감, 의미 있고 행복한 삶의 추구와 향유 등이 포함될 수 있다.

마. 다양한 상황에서 자신의 생각과 감정을 효과적으로 표현하고 다른 사람의 의견을 경청하며 존중하는 의사소통 역량

의사소통 역량이란 다양한 상황에 적합한 언어, 상징, 텍스트, 매체를 활용하여 자신의 생각과 감정을 효과적으로 표현하는 능력, 타인의 말과 글에 나타난 생각과 감정을 올바르게 이해하는 능력, 다른 사람의 의견을 경청하고 존중하며 갈등을 효과적으로 조정하는 능력 등을 의미한다.

하위 요소에는 언어적 표현 능력, 타인 이해 및 존중 능력, 갈등 조정 능력 등이 포함될 수 있다.

바. 지역·국가·세계 공동체의 구성원에게 요구되는 가치와 태도를 가지고 공동체 발전에 적극적으로 참여하는 공동체 역량

공동체 역량이란 지역·국가·지구촌의 구성원으로서 요구되는 가치와 태도를 수용하고 실천하는 능력, 지역적·국가적·세계적 차원의 다양한 문제 해결에 책임감을 가지고 적극적으로 참여하는 능력, 다양한 사람들과 원만한 관계를 가지고 협업하고 상호작용하는 능력, 다른 사람들을 배려하며 함께 살아갈 수 있는 능력 등을 의미한다.

하위 요소에는 시민의식, 준법정신, 질서의식, 공정성과 정의감, 참여와 책임의식, 협동과 협업 능력, 나눔과 배려 등이 포함될 수 있다.

- 출처 -
교육과정-수업-평가-기록 일체화 고찰/ 경기도교육청 장학사 김덕년
초중등학교 교육과정 총론/ 교육부/ 2017

핵심역량과 매체 활용

안부 인사를 어떻게 나누시나요?
이메일을 보내시나요?
문자와 카톡을 얼마나 사용하시나요?

손편지는 추억이 되었고, '스몸비 Smombie (스마트폰 Smartphone과 좀비 Zombie의 합성어)'라는 말이 등장할 정도로 스마트폰의 전성기입니다.

연애도 스마트폰으로 한다는 이야기까지 나오는 이유이기도 합니다.
어린아이부터 성인까지 빠져들게 하는 스마트폰의 강력한 힘을 주변에서 흔히 볼 수 있습니다.
지난 2018년 매일경제 신문에는 '퓨리서치'에서 조사한 내용을 바탕으로 작성한 '한국은 세계 최고 연결사회'라는 제목의 기사가 있습니다. "한국은 선진국을 제치고 인터넷 침투율 96%, 스마트폰 보유율 94%로 1위이다. 소셜미디어 사용률은 중상위권으로 4위에 자리하고 있다."

이처럼 미디어의 힘은 내단합니다. 우리 일상에서 누구나 손에 하나씩 스마트폰을 들고 다니는 것이 전혀 이상할 것이 없는 시대가 되었습니다. 우리의 일상 공간 문화 자체를 바꾸어 버립니다. 카페에는 스마트폰 외에 태블릿PC, 노트북 등 다양한 디지털기기를 사용하는 사람들의 비중이 늘어 도서실 같은 착각이 들기도 합니다. 어떤 카페는 그런 사람들을 위한 공간을 별도로 운영하기도 하고 많은 카페들이 테이블 형태까지도 바꾸었습니다. 특히 태어나자마자 바로 디지털 기기를 접하며 성장한 요즘 세대에게는 다양한 매체(미디어)를 접하는 일이 자연스러운 일상입니다.

여기에서 말하는 매체(미디어, Media)의 사전적 의미를 살펴보면

1. 어떤 작용을 한쪽에서 다른 쪽으로 전달하는 역할을 하는 것.
   '대중 매체', '매개체'(媒介體), '매체(媒體)'로 순화 (출처 표준국어대사전)
2. 어떤 사실이나 정보를 담아서 수용자들에게 보내는 역할을 하는 매개체. 신문, 잡지, 서적, 라디오, 텔레비전, 인터넷 등이 있다. (출처 고려대 한국어대사전)

이처럼 다양한 미디어의 영향을 생활전반에서 받는 현재의 학령기 학생들을 'Z세대'(또는 I세대) 라고 부릅니다.

Z 세대의 정의와 특징 (출처 조선경제 2018년 3월 2일 B1면)
1990년대 중반~2000년대 중반 출생
국내 646만 명(성인 336 만 명)
태어날 때부터 디지털 세대
제품 구매 등 집안 의사 결정에 적극 참여
문서 대신 동영상으로 지식 습득
이모지. 짧은 동영상으로 소통
일상생활의 모든 것 촬영
유행이 극도로 민감
적극적인 불매 운동·온라인 서명

시대 변화와 맞물려 우리 교육 현장도 학습자의 특징을 고려하여 다양한 시도를 하고 있습니다. 기존의 그림책과 위인전, 동·서양의 고전 등의 텍스트가 주요 교재였다면 현재는 도서를 포함한 다양한 미디어를 교수 매체로 사용합니다.

학령기 교육을 포함한 평생교육에서는 효과적인 교수학습을 위한 전략으로 교수 매체가 중요하게 활용됩니다.

교수 매체(instructional media)에서 매체란, '교수학습 과정'에서 학습 내용을 전달하는 매개체로 교재나 자료에 한정된 것이 아니라 전달 방법 등 방법론적인 측면까지 포함하는 개념입니다.

이에 따라 교육현장에서도 교수자 중심의 수업에서 학습자 중심으로 변화하고 있습니다. 학습자 중심의 수업을 위한 다양한 교수 매체는 학습자의 참여도를 높이고 수업의 효과를 극대화할 수 있습니다.

효율적인 교수 매체를 사용했을 때의 효과는 다음과 같습니다.
- 학습자의 자발적인 참여와 자기 주도적 활동을 높일 수 있다.
- 학습자는 흥미롭고 다양한 학습 경험을 할 수 있다.
- 학습자는 관심과 집중력을 보이며 적극적인 태도로 참여한다.
- 학습자는 미디어 이용자와 생산자로서의 권리와 책임을 배운다.
- 학습자는 모둠 활동을 통해 협동하는 방법을 자연스럽게 터득한다.
- 학습자는 협동하는 방법을 통해 소통과 공동체 의식을 함양한다.
- 학습자는 자기 주도적으로 매체를 다루는 역량을 키운다.
와 같이 학습자는 교수 매체를 활용한 학습 활동에 능동적이고 협력적으로 참여하여 다양한 핵심역량을 키우는 효과를 보입니다.

2015 개정 교육과정에서는 과정 중심의 평가로 학생의 학습과 성장을 극대화 하는데 중점을 두고 있습니다. 교수 매체를 적극적으로 활용하는 수업은 과정 중심 평가에도 영향을 미칩니다. 평가는 성취 기준에 근거하여 교

수학습과 함께 일관성 있게 이루어집니다. 교수 매체를 활용할 때는 반드시 학습자가 교육 내용을 이해하고 참여할 수 있도록 신중히 선정해야 합니다. 학습 목표와 직접적인 관계가 없는 자료를 제공하거나 정확하지 않은 내용을 소개하는 것은 오히려 학습활동의 효과를 감소시킵니다.

『**누구나 따라하면 키워지는 핵심역량 교수법**』은 다양한 매체 중 그림책과 이미지 자료, 영상 자료, 뉴스와 사진을 선정하여 구성했습니다. 다양한 교수 매체를 활용하여 '6대 핵심역량'과의 관계에 대해 더 많은 연구를 하고자 합니다.

교수 매체로서의 그림책

전문가들마다 그림책에 다양한 견해를 제시하고 있습니다.

> ▶ Nodelman(1996)은 그림책을 '펼친 페이지에 커다란 그림이 들어가 있고 대체로 짤막한 글이 실려 있는, 어린이를 위해 만들어진 짧은 허구적 혹은 비허구적인 책'
> ▶ Nikolajeva와 C. Scott(2001)은 '그림책은 시각적이고 언어적인 두 가지 수준의 의사소통에 기초를 둔 고유한 예술 형태'
> ▶ 현은자(2005)는 글과 그림이 함께 제시되며 그림이 적어도 펼친 면에 한 개씩 실려 있는 어린이를 대상으로 한 도서
> ▶ 최윤정(2001)은 '회화처럼 공간적이면서 영화처럼 시각적인 이미지들이 시의 언어와 만나는 일종의 종합 예술'

위와 같은 내용을 살펴보면 그림책의 독자가 어린이에게만 국한된 것이 아니라는 것을 알 수 있습니다.

그림책의 예술적 측면에 대하여 현은자 교수는 다음과 같이 말하고 있습니다.

"그림을 통해 더 많은 메시지를 전달하는 책, 글과 그림이 서로를 보완하는 형태의 그림책은 아동문학이나 회화의 영역과는 별개로 독립적으로 발전하고 있는 고유한 예술 형식이라는 데는 의견을 같이 하고 있다."

이처럼 그림책이 다른 예술 형태와 구별되는 것은 글(Text)과 그림(Illustration)의 결합을 통해 상호간 의사소통을 할 수 있도록 창작되었다는 것입니다. 따라서 그림책은 텍스트 읽기와 그림 보기를 동시에 경험한다는 것이 어느 예술 장르에서도 볼 수 없는 그림책만의 고유한 특성이라고 말할 수 있습니다.

교육현장에서 그림책을 교수 매체로 활용했을 때 학습자에게 미치는 영향과 변화를 정리하면 다음과 같습니다.

그림책을 활용한 활동에서의 교육적 가치와 효과를 바탕으로 새로운 교육과정에 적용했습니다.

새롭게 만나는 그림책

2015 개정 교육과정의 중요한 목적 중의 하나는 창의·융합형 인재 양성입니다. 새로운 교육과정에서는 인문학적 상상력과 과학기술 창조력을 갖춘 창의·융합형 인재를 양성하기 위해 학습자들이 반드시 갖추어야 할 핵심 역량을 여섯 가지로 제시하고 있습니다. '자기관리 역량, 지식정보처리 역량, 창의적 사고 역량, 심미적 감성 역량, 의사소통 역량, 공동체 역량'입니다.

그림책은 6대 핵심역량을 키우기 위해 활용할 수 있는 텍스트 언어와 이미지 언어 둘 다를 갖고 있다는 점에서 탁월한 교수 매체가 되어 줍니다.

특히 청소년들에게 진로는 중요한 주제입니다. 진로를 그림책으로도 다룰 수 있습니다. 진로란, 자신의 삶의 방향을 탐색하고 스스로 선택하는 과정을 의미합니다.

'나는 어떤 방향으로 내 삶을 이끌고 가야 할 것인가?' 라는 중요한 물음에 직면하게 됩니다.

물론 그 물음에 어느 누구도 정답을 줄 수는 없습니다. 사회적으로 성공하고 안정된 직업을 따르는 것도, 무조건 부모님 말씀에 따르는 것도 답이 될 수는 없습니다. 다만 다양한 멘토로부터 선택을 위한 조언을 들을 수는 있을 것입니다. 이 때 그림책도 다양한 멘토 중의 하나가 될 수 있습니다.

예를 들어 『니 꿈은 뭐이가?』(김진화/ 웅진주니어, 2010)는 인생의 방향을 설정하는 데 중요한 기준을 마련해 줄 수 있는 그림책입니다. 진로를 결정할 때 가장 중요한 것은 연봉, 지위, 안정성이 아니라 '내가 얼마나 행복할 수 있는 일인가' 하는 기준임을 알려 주기 때문입니다. 세상의 기준이나 주변 사람들의 기준에 휩쓸리기보다 '정말 내가 행복하게 오랜 시간 할 수 있는 일'이 자신이 가야 할 길임을 우리에게 일깨워 줍니다.

이상에서 살펴보았듯이 그림책은 역량 강화를 위해 다양한 방법으로 활용될 수 있습니다. 즉, 이야기가 담긴 문학작품으로서 뿐만 아니라 놀이의 수단으로서, 그리고 더 나아가 다양한 활동을 가능하게 해 주는 매개체로 활용할 수 있습니다.

교수 매체로서 또 다른 학습도구의 필요성과 방안

『누구나 따라하면 키워지는 핵심역량 교수법』은 누구나 함께 보고 이야기 나눌 수 있는 그림책을 주 교수 매체로 활용하였습니다. 이와 함께 접목하거나 그림책처럼 중심 교수 매체로 활용할 수 있는 자료로 '이미지, 뉴스, 영상'에 대하여 안내합니다.

디지털 시대, 이미지 언어는 어떻게 인식되고 있는가?
인간은 감정과 정보를 어떻게 표현하고 있는가?

원시인들이나 고대인들은 그림을 통해 자신을 드러냈고, 이집트나 마야의 사람들은 그림을 연결하여 이야기를 만들어 냈습니다. 이미지 언어는 사람들의 풍부한 느낌을 담아냅니다. 그러나 문자 언어가 중시되면서 이미지 언어는 점차 활용도가 줄어들었고, 오랜 시간동안 문자 언어만이 언어의 전부라 생각해 왔습니다.

디지털 시대를 맞이하면서 사람들이 이해하고 소통하는데 문자 언어로 부족했던 부분을 이미지 언어가 채워주고 있습니다. 디지털 카메라와 스마트폰이 일반화되면서 이미지와 영상으로 기억을 저장하기 시작했고, 네트워크 공간에서 타인과 쉽고 빠르게 소통할 수 있게 되었습니다. 이미지 언어를 포함한 매체 언어는 능동적인 언어라 할 수 있습니다. 말하는 이나 듣는 이 모두 적극적으로 이미지 언어의 해석에 동참해야 합니다.

매체 언어 시대에 살고 있는 우리는 개개인이 이미지 언어를 바탕으로 새로운 문화를 창조하고 있습니다.

디지털 시대를 넘어 AI로 양육되는 아이들

이미지 언어가 디지털과 만나 우리는 영상의 풍요 속에 살고 있습니다. 디지털 시대를 넘어 인공지능의 세계가 우리 곁에 와 있고 이미 VR을 통해 3차원적인 영상을 경험하고 있습니다.

요즘 아이들에게 영상 매체를 이용하는 것은 마치 숨을 쉬는 것처럼 자연스러운 일입니다. 디지털 기술과 미디어의 발전으로 언제 어디서나 시간과 공간의 제약을 넘어 영상을 즐길 수 있게 되었습니다. 사람들은 책보다는 영상을 선호하며 주로 스마트폰을 이용하여 유튜브, 웹툰, 드라마, 영화, 팟

유튜브는 이용률 증가, 페이스북, 밴드는 이용률 하락의 양상을 보이며,
유튜브 > 네이버 블로그 > 인스타그램 > 페이스북 등의 순으로 이용률이 높게 나타남

- 유튜브는 최근 3년 동안 최근 이용률 및 주 이용률 모두 꾸준히 증가하며, 가장 활발하게 이용되는 소셜미디어임
- 인스타그램의 이용률은 꾸준히 상승하는 반면, 페이스북의 이용률은 지속적으로 하락함
- 유튜브는 남성과 10-20대의 이용률이 높고, 인스타그램은 20-30대 층, 페이스북은 10대의 이용률이 상대적으로 높음
- 네이버 블로그는 30-50대층의 이용률이 높은 편임

최근 한달 내 이용 및 주 이용 소셜미디어

	전체 2017년	전체 2018년	전체 2019년	Gap 주 이용 ('19-'18)	성별 남	성별 여	연령별 10대	연령별 20대	연령별 30대	연령별 40대	연령별 50대
Base	(500)	(500)	(500)		(310)	(310)	(120)	(124)	(126)	(124)	(126)
유튜브	18.8 72.8	27.6 78.8	32.6 83.8	+5.0	47.7	26.1	55.0	39.5	29.4	33.9	27.8
네이버 블로그	10.8 68.2	17.0 65.8	21.8 71.8	+4.8	13.5	23.9	5.8	10.5	24.6	24.2	27.8
인스타그램	14.2 43.8	14.8 48.4	19.2 53.0	+4.4	11.0	22.6	6.7	34.7	26.2	12.9	3.2
페이스북	21.4 60.4	15.6 60.2	9.0 55.2	-6.6	14.2	9.0	22.5	10.5	11.9	7.3	6.3
밴드	12.8 58.2	11.2 50.4	6.2 45.4	-5.0	5.8	4.2	0.0	0.0	1.6	10.5	12.7
카카오스토리	16.2 62.2	9.6 55.4	6.0 44.0	-3.6	4.8	4.8	0.0	0.0	2.4	4.0	17.5
트위터	2.4 21.6	1.0 23.0	1.8 23.0	+0.8	1.0	4.8	7.5	4.0	0.0	1.6	1.6
구글플러스	0.2 13.0	0.2 10.4	1.0 8.6	+0.8	0.6	1.3	0.8	0.0	1.6	1.6	0.8
링크드인	0.0 3.8	0.0 4.8	0.2 5.0	+0.2	0.0	0.3	0.0	0.0	0.0	0.0	0.0
빙글	0.2 5.2	0.2 2.4	0.2 2.4	0.0	0.3	0.0	0.0	0.0	0.0	0.0	0.0

■ 주 이용 / ■ 최근 한달 내 이용

[Base : 전체 응답자, N=620, 단위 : %, 단수/복수응답]
* 배너분석은 주 이용 데이터 / * 하늘색 음영 : 평균 대비 +5%P 이상인 데이터

자료제공 : 모바일 리서치 오픈서베이 OPENSURVEY

캐스트 등을 봅니다. 최근 오픈 서베이가 20~50대 남녀 500명을 대상으로 조사한 '콘텐츠 트렌드 리포트 2018'에 따르면, 10대와 20대가 유튜브를 가장 많이 사용하고 있다는 것을 알 수 있습니다.

책을 읽는다는 것은 다양한 간접 경험과 상상력을 키우고 새로운 정보를 얻는 일입니다. 작가가 전달하는 삶의 이야기를 통해 독자는 자신을 성찰하고 발견해가는 여정을 거쳐 성장해 나갑니다. **영상 역시 도구만 달라지는 것뿐입니다. 영상은 시 · 청각을 통해 즉각적인 반응을 이끌어 한 권의 책을 생생하게 읽은 것과 같은 효과를 줌으로써 교수 매체로 탁월**합니다.

영상은 무기력한 학습자를 깨울 수 있으며 적극적인 참여 수업을 이끌어내는데 도움이 됩니다. 문자를 읽는데 어려움을 느끼는 학습자에게는 흥미를 느끼게 할 수 있어 더 효과적이기도 합니다. 영상은 장편과 단편 애니메이션, 광고, 드라마의 일부분, 영화 속 장면, 유튜브의 다양한 장르를 교수 매체로 활용 가능합니다. 특히 유튜브 영상은 저작권에 대한 부담을 덜어주기 때문에 교육에 적용하기 쉬운 교수학습 도구입니다. 영상 콘텐츠를 교수 매체로 활용할 때 가장 고민이 되는 것이 저작권이기 때문에 유튜브 영상은 그러한 점에서 수업에 활용할 때 많은 도움이 될 수 있습니다.

뉴스활용교육(NIE_News In Education)의 필요성

뉴스(news)란 말 그대로 사방팔방에서 새롭게 전해지는 소식을 말합니다. 뉴스의 사전적 정의는 '미디어를 통해 유통되는 많은 사람들의 관심사나 공공의 이익에 관한 시의성 있는 정보'입니다. 뉴스는 여러가지 소식을 다양한 매체(미디어)를 통해 사람들에게 전달합니다. 신문이나 인터넷, 모바일 등을 통해 새로운 뉴스를 접하게 됩니다. 따라서 학습자들이 일상에서 뉴스를 많이 접할수록 지식 정보의 양이 늘어나고, 세상을 보는 '사회적 감각'을 익히게 됨으로써 건강한 민주시민의 태도를 갖출 수 있습니다.

디지털에 익숙한 Z세대들은 모바일 기기와 하루를 시작하여 거의 신체의 일부가 된 것처럼 함께 시간을 보냅니다. 인터넷을 넘어 모바일로 뉴스를 접하게 되면서 '유용한 뉴스, 균형잡힌 뉴스, 올바른 뉴스'보다는 흥미 위주의 자극적인 낚시성 뉴스와 가짜 뉴스 등 무비판적이고 무분별한 정보의 홍수에 노출되고 있습니다. 이에 학습자는 건강한 뉴스 소비자로서 내가 보는 정보를 어떻게 처리하고 활용할 것인가에 대한 지도와 배움이 절실합니다.

이 교재에서는 핵심역량별로 주제와 관련된 뉴스를 읽기 자료에 넣음으로써 학습자가 좀 더 넓고 다양한 지식을 접하고 이를 활용하여 사고를 확장할 수 있도록 설계하였습니다.

뉴스 활용의 효과와 2015 개정 교육과정의 핵심역량

뉴스 활용을 통한 뉴스 리터러시 교육은 2015 개정 교육과정에서 강조하는 핵심역량과도 깊은 연관성이 있습니다. 지식정보처리 역량은 지식 정보를 분석하면서 비판적으로 활용하는 역량으로서 미래 인재에게 반드시 요구되는 역량입니다. 학습자 스스로 뉴스에 대한 분별력을 갖고 뉴스의 정보가 사실인지, 믿을만한 것인지를 의심해 볼 수 있는 비판적 사고를 가져야 합니다. 이러한 태도는 비판적 분석력을 키움으로써 지식정보처리 역량을 높일 수 있습니다. 이를 토대로 건강하고 올바른 뉴스 소비자가 될 수 있습니다.

뉴스를 읽고 분석하고 활용하여 생산하는 과정을 따라가다 보면 읽기, 말하기, 쓰기 등의 기본적인 리터러시 기능 외에 세상을 이해하고 타인과 의사소통하는 역량을 키우게 됩니다.

예를 들이 지식정보처리 역량의 경우 다음의 뉴스(기사)를 참고하여 활동할 수 있습니다.

<가우디> 출처; 서울경제 2019 6월 11일 (오피니언), <스페인 가우디 성당, 137년 만에 건축허가 받아> 출처; 어린이동아 2019년 6월 11일(종합), <우리의 '가우디'를 찾자> 출처; 대구일보 2019년 4월 17일 (오피니언), <좋아하는 일을 하는가> 출처; 동아일보 2019년 3월 18일 (오피니언), <역사와 문화가 숨 쉬는 '열정의 나라' 스페인·포루투갈로 초대> 출처; 중앙일보 2019년 3월 27일 (기업)

이런 모든 활동은 최종적으로 학습자가 뉴스가 관심을 갖고 다루는 사회적 현안들에 대해 지속적으로 관심을 가지며 사회에 적극적으로 참을 키우는 것입니다. 지역, 국가, 세계 공동체에서 일어나는 다양한 뉴스들을 비판적으로 접하면서 학습자 자신의 자아 성장은 물론 세계시민으로서의 가치와 태도를 갖게 됩니다. 이를 통해 공동체의 발전에도 참여할 수 있습니다.

- 참고 문헌

최은희. 그림책을 읽자 아이들을 읽자. 에듀시티.

현은자 외 공저(2007). 그림책과 예술교육. 학지사

가와이 하야오(2006). 어린이 책을 읽는다. 비룡소

가와이 하야오, 마츠이 다다시, 야나기다 구니오(2003). 그림책의 힘. 마고북스.

강주헌(2009), 북페뎀 09. 한국출판마케팅연구소.

김세희, 현은자(2005). 그림책의 이해 1. 사계절.

최윤정(2001). 작품으로서의 그림책 감상; 어린의 문화의 한자락 읽기. 서평문화, 42. 227-233.

탁정은(2007). 알고 보면 더 재미있는 그림책 이야기. 어린이와 독서, 28. 63-86.

출처 <뉴스 리터러시 교육 I> 양정애·최 숙·김경보, 한국언론진흥재단, 2015

출처 <미디어교육 강사 보수교육> 한국언론진흥재단, 2017

출처 박주연(2016) 스마트 미디어 시대 독일의 미디어 리터러시 정책 연구, 한-독 사회과학논총, 26(1), 126-149

통통! 의사소통 역량

전 다른 사람을 잘 이해하고
소통할 줄 아는 통통이에요.
저와 함께 **의사소통 역량**을
키워볼까요?

 의사소통 역량 워드 클라우드는 2015 개정 교육과정에서 제시하는 중요 키워드인 '타인 이해, 배려, 존중, 말하기, 듣기, 쓰기, 읽기, 텍스트 이해'를 시각화하여 한 눈에 알아볼 수 있도록 했다. 또한 『누구나 따라하면 키워지는 핵심역량 교수법』이 제시하는 수업의 목표인 '학습자 중심, 과정평가'도 파악할 수 있다. 활동 과정의 키워드는 '매체 읽기, 소통대화창 완성, 나만의 의사소통법 찾기, 에듀 북메이킹'으로 이해할 수 있다.

1. 수업 설계 배경

"의사소통이란 인간 사이에 오가는 모든 것을 덮어주고 영향을 미치는 거대한 우산"이다.- 버지니아 사티어

이 말은 의사소통이 인간관계의 성패를 좌우할만큼 큰 영향력을 미친다는 뜻이다.

의사소통(意思疏通, human communication, anthroposemiotics)의 사전적 정의는 '가지고 있는 생각이 뜻이 서로 통함'이다. (표준국어대사전)

원활한 의사소통으로 자신과 타인의 생각이나 감정의 유사점과 차이점을 잘 표현하고 이해할 수 있다면 불필요한 오해를 줄일 수 있다. 그럼으로써 성공적인 협력관계를 이루어낼 수 있기 때문이다.

21세기는 그 어느 때보다도 협력적 문제해결력을 요구하고 있다. 개인이 가진 많은 지식만으로는 문제를 해결할 수 없다. 다양한 분야의 사람들과의 협력을 통해 문제를 해결하고 시너지 효과를 내기 위해서는 다른 사람들과의 의사소통이 필수적이다.

의사소통의 과정: 정보-전달-이해

의사소통은 기본적으로 '정보-전달-이해'의 과정으로 진행된다. 의사소통을 하려면 자신의 생각이나 의사를 말이나 글로 효과적으로 전달할 수 있어야 한다. 전달하고자 하는 내용을 명확하게 제대로 전달하지 않는다면 오해가 생길 수 있다. 개인의 일상생활이나 조직 그리고 교육현장에서든 미숙한

의사소통으로 인한 갈등의 사례는 수없이 많다. 자신이 하고 싶은 말만 하거나, 듣고 싶은 말만 듣는 경우가 가장 흔한 사례다. 자신의 주장만을 고집해서는 안되며 상대방의 감정이나 생각을 배려하고 존중하는 마음으로 경청할 수 있어야 한다.

나의 메시지를 상대방이 알아들을 수 있도록 전달할 수 있는가?
다른 사람의 말을 귀담아 듣고 이해할 수 있는가?
다른 사람의 감정이나 생각을 배려하고 존중할 수 있는가?
다른 사람들이 이해할 수 있도록 정확하게 글을 쓸 수 있는가?

이와 같은 고민을 하는 교수자들과 공유하고자 '통통! 의사소통 역량'을 소개한다. 2015 개정 교육과정에서의 핵심역량 중 '통통! 의사소통 역량'을 키우기 위한 방향성을 제시하는 수업모델이다.

2. 수업 설계 목표

'통통! 의사소통 역량'은 『곰씨의 의자』(노인경/문학동네어린이, 2016) 그림책을 선정하여 원활한 의사소통을 위한 실천방법을 제시하는 것을 학습목표로 설정하였다.

수업 설계는 학습자가 『곰씨의 의자』를 읽고 갈등이 생기고 해결되는 과정에서 갈등의 원인을 인식하고 원활한 의사소통을 위한 해결 방안의 필요성을 이해하도록 하였다. 나아가 이를 토대로 학습자가 갈등의 해결을 위한 방안을 스스로 제안하고 실천할 수 있도록 지도한다.

이 때 교수자는 교과목별로 제시된 관련 성취기준을 자신의 수업 목표에 알맞은 항목을 선택하여 사용할 수 있다. 예를 들어 진로 수업인 경우 '[9진01-04]경청, 질문, 설득 등을 상황에 맞게 활용하여 효과적으로 의사소통할 수 있다'. 또는 도덕 수업의 경우 '[9도02-06] 다양한 갈등 상황에서 평화적 해결의 중요성을 이해 하고 평화적으로 갈등을 해결할 수 있는 실천 방법을 탐구하고 제시할 수 있다.'를 추가로 선택하여 수업 목표를 정할 수 있다.

의사소통 역량 수업의 기능요소로는 '문제인식하기, 표현하기, 해결방안 탐색하기, 제안하기'를 우선적으로 활용했다. 교수자는 자신의 수업 설계 목표에 따라 추가적으로 '예측하기, 추론하기, 발표하기, 분석하기나 비판하기'를 추가하여 활용할 수 있다.

핵심질문은 전체 수업과정을 제대로 수행하였는가를 묻는 것으로 의사소통 역량에서는 **'원활한 의사소통의 중요성을 인식하고 실천할 수 있는가?'**를 확인하는 것이 중요하다.

3. 수업의 실제

학습자의 의사소통 역량을 높이기 위해 전체 활동은 3단계로 구성하였다.

활동 1에서 학습자는 갈등의 사전적 정의를 읽어 보고 자신이 생각하는 창의적 정의를 적는다. 사전적 정의와 자신의 창의적 정의를 비교하여 갈등의 개념에 접근할 수 있다.

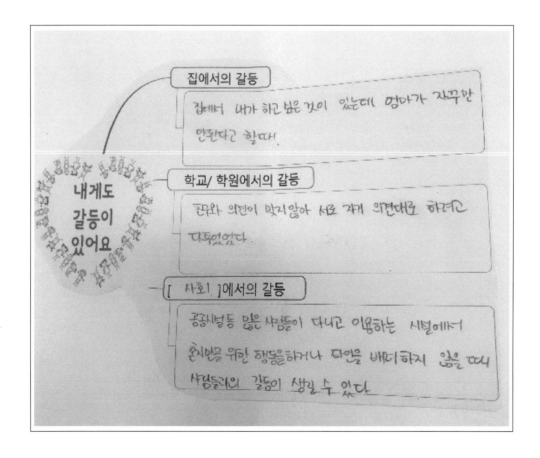

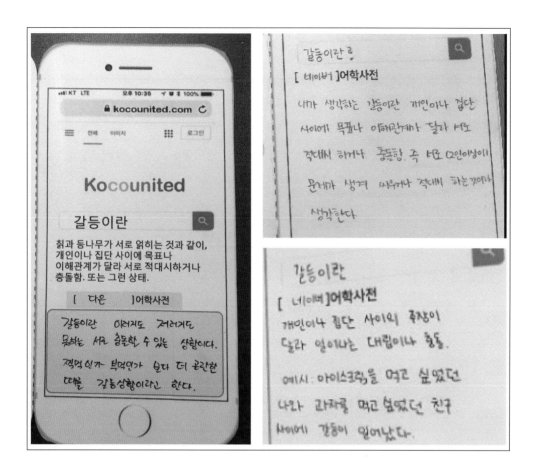

　학습자는 생활 속에서 경험한 다양한 갈등 상황을 맵으로 시각화하여 정리하도록 한다. 정리를 통해 학습자는 자신이 겪은 갈등상황에 대해 객관적으로 볼 수 있다.

　교수자는 수업 상황에 따라 맵 내용 발표를 진행할 수도 있다. 이 때 학습자에 따라 상황을 바라보는 관점이나 주관적 생각이 다를 수 있음을 인지하고 상대의 인격을 존중하며 발표할 수 있도록 진행한다. 교수자는 '교사평가'를 통해 학습자가 창의적으로 갈등의 정의를 내리고 다양한 갈등상황에 대한 자신의 경험을 맵으로 정리하였는지 평가한다.

활동 2에서는 그림책을 읽고 등장인물들 간에 갈등의 전개상황을 정리해 보면서 소통과정을 분석하고 문제를 인식하도록 설계하였다.

등장인물들(곰씨, 토끼가족) 간에 갈등이 생기기 전의 상황, 갈등이 일어나고 절정에 달했을 때의 상황, 갈등이 해결되고 난 후의 상황으로 나누어 분석하고 이야기를 나눈다.

시간의 흐름에 따른 갈등의 전개 상황	
갈등이 생기기 전	이야기의 배경과 등장인물들의 만남과 일상생활에 대하여 이야기를 나눈다.
갈등 상황 진행 중	곰씨가 의자에 똥을 누고 비를 맞아 병이 나기까지 토끼 가족들과의 갈등을 분석하고 이야기를 나누어 갈등의 원인을 찾아본다.
갈등이 해결되고 난 후	곰씨의 입장에서 소통대화방을 만들고 토끼가족들과 서로의 입장을 이해하는 대화창을 완성한다.

| 갈등상황 전 | 갈등상황 진행 | 갈등상황 후 - 소통대화방 |

활동 2에서 학습자는 상호평가를 통해, 교수자는 교사 평가를 통해 그림책을 읽고 갈등의 전개 상황을 분석하고 문제 해결을 위해 소통대화방에 대화창을 완성하였는지를 평가한다.

활동 3은 실천적 차원의 활동이다.

학습자가 활동 1, 2를 통해 의사소통의 요소들을 내면화하고 자신만의 방법으로 제안하고 이를 실천하기 위한 다짐글을 쓰도록 한다.

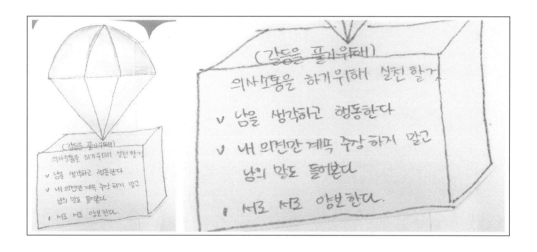

겉표지를 꾸며 <에듀 북메이킹>을 완성한다.

  활동 3에서의 평가는 학습자의 상호 평가와 교수자의 평가로 이루어진다. 이 때 학습자가 갈등 해결을 위한 자신의 의사소통 방법을 제시하고 에듀 북메이킹을 마무리 했는지를 평가한다.

  학습자는 상호간에 평가를 할 수 있도록 하고 교사평가는 학습자의 다양성, 모둠 활동의 참여도, 전체 마무리를 평가한다.

4. 평가

의사소통 역량은 갈등의 의미를 알고 갈등 상황에서 자신과 타인의 생각과 감정을 이해하여 소통 대화방의 대화창을 완성하는 활동이 중요하다.

이를 통해 다양한 갈등 상황을 마주했을 때 자신이 갈등을 어떻게 풀어나갈 수 있을지 방법을 찾아 실천할 수 있는가가 평가의 대상이다.

평가는 모두 세 가지로 교사평가와 상호평가, 생활기록부 기재용 진술문을 예시 자료로 첨부하였다.

교사평가 루브릭은 세 단계 평가로 실시할 수 있으며 상호평가 루브릭은 학생들 상호간에 실시한다. 생활기록부 기재용 진술문은 과정평가로 세 단계 예시를 제시하였다.

교육과정·수업·평가·기록의 일체화를 위한 활동지도안
mem: media edu makers

팀 활동	개인 활동
(팀) 팀원:	( )학교 ( )반 ( )번 이름 :

활동명	**통통! 의사소통 에듀 북메이킹** 갈등해결 마음 나누기
관련 성취 기준	※ 교사가 진행하고자 하는 활동 중심으로 다음 성취 기준 중 선별하여 사용할 수 있다. ☐ [9국01-02] 상대의 감정에 공감하며 적절하게 반응하는 대화를 나눈다. ☑ [9국02-07] 매체에 드러난 다양한 표현 방법과 의도를 평가하며 읽는다. ☑ [9국05-03] 갈등의 진행과 해결과정에 유의하며 작품을 감상한다. ☑ [9국05-04] 작품에서 보는 이나 말하는 이의 관점에 주목하여 작품을 수용한다. ☑ [9도02-06] 다양한 갈등 상황에서 평화적 해결의 중요성을 이해하고 평화적으로 갈등을 해결할 수 있는 실천 방법을 탐구하고 제시할 수 있다. ☐ [9미02-04] 주제의 특징과 표현 의도에 적합한 조형 요소와 원리를 탐색하여 효과적으로 표현할 수 있다. ☑ [9진01-04]경청, 질문, 설득 등을 상황에 맞게 활용하여 효과적으로 의사소통할 수 있다. ☑ [9사(일사)01-03] 사회집단의 의미를 이해하고, 사회집단에서 나타나는 차별과 갈등의 사례와 이에 대한 해결 방안을 탐구한다.
학습 목표	갈등상황의 원인과 과정을 해결 방법에 대해 이야기를 나누고 의사소통을 위한 자신의 실천방법을 제시할 수 있다.
기능 요소	※ 교사가 선택한 관련성취기준에 따라 다음 기능요소는 선택하거나 추가하여 진행할 수 있다. 예측하기(√) 비판하기( ) 추론하기(√) 판단하기( ) 성찰하기(√) 발표하기(√) 문제인식하기(√) 분류하기( ) 제안하기(√) 분석하기( ) 표현하기(√) 해결방안 탐색하기(√)
핵심 질문	원활한 의사소통의 중요성을 인식하고 실천할 수 있는가?

순서	소재적 핵심질문	학습 경험		평가활동
활동 1	갈등의 정의를 알고 자신이 경험한 다양한 갈등상황에 대하여 성찰할 수 있는가?	**[갈등의 의미]** 갈등의 사전적 정의와 나만의 창의적 정의 찾기 - 갈등의 사전적 정의를 사전에서 찾아 적기. 　칡과 등나무가 서로 얽히는 것과 같이, 개인이나 집단 사이에 목표나 이해관계가 달라 서로 적대시하거나 충돌함. 또는 그런 상태. [네이버 어학사전] - 내가 생각하는 갈등의 창의적 정의 적기 **[맵 시각화하기]** 다양한 갈등상황에 대한 자신의 경험을 맵으로 정리하기 **<예시 이미지>** 	관점 방법	갈등의 정의를 내리고 다양한 갈등상황에 대한 자신의 경험을 맵으로 정리할 수 있는가 상호평가(　) 교사평가(√)

활동 2	그림책을 읽고 갈등의 전체 상황을 살펴보고 소통과정을 분석하여 문제를 인식할 수 있는가?	**[그림책 읽기]** 함께 그림책 읽고 말하기 **※ 참고 『곰씨의 의자』(노인경/문학동네 어린이, 2016)** - 그림책을 함께 읽으며 등장인물과 배경에 대하여 말하기 **<갈등이 일어나기 전-일상의 이야기> 나누기** - 곰씨의 성격은 어떻게 보이나요? - 곰씨가 가장 좋아하는 것은 무엇인가요? - 탐험가인 토끼와 무용을 한 토끼의 성격은 어떻게 보이나요? - 곰씨가 토끼에게 의자를 내어 준 이유는 무엇이었을까요? - 등장인물 간에 갈등은 무엇으로 알 수 있나요? **<예시 이미지>** **<갈등상황- 결국 곰씨가 병이 나게 된 상황> 살펴보기** - 곰씨가 토끼네 아이들이 놀러 오는 것을 힘들어한 이유는 무엇이었나요? - 토끼네 아이들이 오지 못하도록 곰씨가 한 행동은 무엇이었나요?	관점	그림책을 읽고 갈등상황을 분석하여 문제해결을 위한 소통 대화방에 대화를 완성하였는가

| 활동 2 | 그림책을 읽고 갈등의 전체 상황을 살펴보고 소통 과정을 분석하여 문제를 인식할 수 있는가? | - 토끼네 아이들은 곰씨의 마음에 대하여 어떻게 생각했나요?
- 곰씨가 자신이 힘들다고 말을 하지 못한 이유는 무엇이었을까요?
- 자신의 마음을 표현하지 못한 곰씨는 어떻게 되었나요?
- 등장인물 간에 생긴 갈등은 무엇이었나요?

<예시 이미지>
 | 관점 | 그림책을 읽고 갈등상황을 분석하여 문제해결을 위한 소통 대화방에 대화를 완성하였는가 |
| | | **<갈등상황 후 소통대화방 만들기>**
등장인물별 그림(프로필 사진)를 활용하여 소통대화방 활동하기

- 곰씨의 소통대화방에 초대할 대상 선택하기
- 대화방에 어울리는 이름을 적기
- 곰씨가 토끼가족(부부, 아이들)에게 자신이 병이 나게 된 상황과 마음을 대화방에서 전달하기
- 곰씨의 이야기를 듣고 토끼가족(부부, 아이들)의 대답 예상하기
- 상대의 입장을 이해하는 대화 이어쓰기 | 방법 | 상호평가(√)
교사평가(√) |

활동 2	그림책을 읽고 갈등의 전체 상황을 살펴보고 소통과정을 분석하여 문제를 인식할 수 있는가?	<예시 이미지> 	방법	상호평가(√) 교사평가(√)
활동 3	의사소통을 통한 갈등 해결 실천방법을 글로 쓸 수 있는가?	[에듀 북메이킹 마무리] 나만의 의사소통 실천 다짐 쓰기 - 내가 의사소통을 위해 실천할 수 있는 방법들 생각하기 - 실천을 다짐하는 글쓰기 	관점	갈등해결을 위한 자신의 의사소통 방법을 제시하고 메이킹북을 마무리 했는가

| 활동 3 | 의사소통을 통한 갈등 해결 실천방법을 글로 쓸 수 있는가? | **<표지 마무리>**
겉표지를 자유롭게 표현하여 꾸며서 표지 완성하기
 | 관점 | 갈등해결을 위한 자신의 의사소통 방법을 제시하고 메이킹북을 마무리 했는가 |
| | | | 방법 | 상호평가(√)
교사평가(√) |

(홍길동)활동의 교사평가 루브릭		
평가 요소	평가 기준	
	상	중	하

평가 요소	상	중	하
언어 및 비언어적 표현	갈등의 정의를 이해하고 자신만의 언어로 표현할 수 있으며 다양한 갈등상황에 대해 자신의 경험이 잘 드러나도록 탁월하게 맵핑하고 자신의 의사소통 실천방법을 구체적인 글로 쓸 수 있다.	갈등의 정의를 이해하나 사전적 의미로만 쓸 수 있으며 갈등상황에 대한 자신의 경험을 간단하게 맵핑하고 자신의 의사소통 실천방법을 짧은 글로 쓸 수 있다.	갈등의 정의를 사전적 언어로 따라 쓸 수 있으며 갈등상황에 대한 자신의 경험을 간단하게 정리하고 자신의 의사소통 실천방법을 고민하였다.
타인이해 및 존중	그림책을 읽고 등장인물들의 행동에 따른 갈등의 전개상황(전·중·후)을 분석하고 소통대화방에 각 인물의 입장에서 갈등 해결을 위한 깊이 있는 대화를 완성함으로써 각 인물의 입장을 이해할 수 있다.	그림책을 읽고 등장인물들의 행동에 따른 갈등의 전개상황(전·중·후)을 분석하고 소통대화방에 각 인물의 입장에서 갈등 해결을 위한 인물들 간의 간단한 대화를 완성하였다.	그림책을 읽고 등장인물들의 행동을 보고 소통대화방에 인물들 간의 대화를 완성하였다.

(홍길동)활동 상호평가 루브릭(팀 단위 5점 평가)

평가 요소	평가문항	팀명 또는 개인					
		1 모둠	2 모둠	3 모둠	4 모둠	5 모둠	6 모둠
의사 소통 역량	자신의 경험과 매체를 통해 갈등의 전체 상황에서 자신과 타인의 생각과 감정을 효과적으로 소통하고 이해하기	5 ☐ 4 ☐ 3 ☐ 2 ☐ 1 ☐	5 ☐ 4 ☐ 3 ☐ 2 ☐ 1 ☐	5 ☐ 4 ☐ 3 ☐ 2 ☐ 1 ☐	5 ☐ 4 ☐ 3 ☐ 2 ☐ 1 ☐	5 ☐ 4 ☐ 3 ☐ 2 ☐ 1 ☐	5 ☐ 4 ☐ 3 ☐ 2 ☐ 1 ☐
공동체 역량	자신이 속한 공동체의 구성원으로서 공동체의 문제 해결 및 발전을 위해 자신의 역할을 하고 실천방법 찾기	5 ☐ 4 ☐ 3 ☐ 2 ☐ 1 ☐	5 ☐ 4 ☐ 3 ☐ 2 ☐ 1 ☐	5 ☐ 4 ☐ 3 ☐ 2 ☐ 1 ☐	5 ☐ 4 ☐ 3 ☐ 2 ☐ 1 ☐	5 ☐ 4 ☐ 3 ☐ 2 ☐ 1 ☐	5 ☐ 4 ☐ 3 ☐ 2 ☐ 1 ☐
합계		점	점	점	점	점	점

	생활기록부 기재용 활동 과정 진술

구분	활동 과정 진술 (활동/배움/성장)
우수 사례 ①	갈등에 대해 사전적 정의를 이해하고 자신만의 갈등의 정의를 쓰고 다양한 갈등상황에 대한 자신의 경험이 잘 드러나도록 맵으로 정리하였다. 그림책을 읽고 등장인물들의 행동에 따른 갈등의 전개상황(전·중·후)을 분석하고 소통대화방에 각 인물의 입장에서 갈등 해결을 위한 대화를 완성함으로써 각 인물의 입장을 이해하였다. 갈등해결을 위한 자신의 의사소통 실천 방법을 구체적으로 제시하고 에듀 북메이킹 마무리를 통해 의사소통 역량과 공동체 역량이 크게 성장하였다.
일반 사례 ②	갈등에 대해 사전적 정의를 이해하고 갈등의 정의를 쓰고 다양한 갈등상황에 대한 자신의 경험을 맵으로 정리하였다. 그림책을 읽고 등장인물들의 갈등의 전개상황을 알고 소통대화방에 대화를 완성하였다. 갈등해결을 위한 자신의 의사소통 실천 방법을 제시하고 에듀 북메이킹 마무리를 통해 의사소통 역량과 공동체 역량을 경험하였다.

의사소통 역량

 요약:

의사소통 역량은 다양한 상황에서 자신의 생각과 감정을 효과적으로 표현하고 다른 사람의 의견을 경청하며 존중하는 능력이다. 갈등 상황이 드러난 그림책을 선정하여 원활한 의사소통을 위한 실천방법을 제시하는 것에 중점을 두었다.

 함께 보면 좋아요

『나는 당신을 사랑하고 있어요』(달리, 2014)

『닭들은 왜 담장을 쌓았을까』(봄봄, 2012)

『책』(여유당, 2017)

『말, 말, 말』(아이맘, 2014)

『경청』(위즈덤하우스, 2007)

영상자료 <For The Birds (1080p) (Pixar Short Films) https://www.youtube.com/watch?v=T63MCogI4sM>

 tip: 이런 활동도 가능해요~!!

▶ 말 전달하기 게임 '줄줄이 말해요'- 한 가지 내용을 여러 단계를 거쳐 전달하고 처음과 끝을 비교하기

▶ 입장 바꿔 생각하기 - 갈등 상황에서 상대의 입장을 고려하여 나만의 해결방안 적어보기

▶ 역할극 - 선정도서의 등장인물인 '곰씨와 토끼가족'이 되어 하고 싶은 말 해보기

MEMO

MEMO

생생! 자기관리 역량

저는 스스로를 잘 알고 사랑하는
생생이예요. 우리 함께 내가 나를
만나는 시간 속으로 여행을 떠나
자기관리 역량을 키워 볼까요?

 자기관리 역량 워드 클라우드는 2015 개정 교육과정에서 제시하는 중요 키워드인 '자아정체성, 자율적, 기초능력, 자기성찰, 소통, 자기존중, 내면화, 진로, 습관' 등을 시각화하여 한 눈에 알아볼 수 있도록 했다. 또한 『누구나 따라하면 키워지는 핵심역량 교수법』이 제시하는 수입의 목표인 '학습자 중심, 과정평가'도 파악할 수 있다. 활동 과정의 키워드는 '매체읽기, 문제인식하기, 입장 바꿔 생각하기, 표현하기, 에듀 북메이킹'으로 이해할 수 있다.

1. 수업 설계 배경

"네 꿈이 무엇인지 이야기 해 볼래?"

"없는데요!"

"갖고 싶은 것이나 가고 싶은 곳이라도 이야기 해 볼까?"

"없어요!"

"꼭, 꿈을 가져야 하나요? 꿈이 없는 것이 문제인가요?"

위 대화 내용은 교육현장에서 흔하게 들을 수 있는 이야기다. 2015 개정 교육과정이후 학교뿐만 아니라 다양한 기관에서 진로교육이 이루어졌고 학습자들이 귀가 따갑도록 듣는 질문은 '너의 꿈은 뭐니?'이다. 학습자들은 꿈에 대한 반복적인 질문 때문에 스트레스를 호소한다.

사회 환경 변화로 학습자들은 학교교육 외에도 학교 밖에서 다양한 배움으로 늘 바쁘다. 그러다보니 학습자들은 숨 돌릴 여유를 갖기 쉽지 않다. 이런 환경 속에서 스스로 자신을 돌아보고 성찰하는 기회를 놓치고 있는 상황이다. 우리나라 청소년들의 사회성은 OECD국가 중 가장 낮은 순위라는 뉴스가 그 심각성을 보여준다.

자기관리를 위해서는 배움에 대한 즐거움을 알고 반복적인 경험을 통해 자신을 들여다 볼 수 있어야 한다. 자기관리는 '나 알아차림' 과정을 여러 번 반복하고 검토하여 자신이 하고자 하는 것이 무엇인지를 발견하는 것이다.

이제 학습자에게 꿈이 무엇이냐고 질문하기보다 스스로 꿈을 찾고 선택할 수 있도록 안내해 주는 것이 필요하다. 그러기 위해서는 현재 자기 자신의 출발점을 알고 스스로 생각할 수 있는 여유와 방향성을 자각해야 한다.

현재 내가 서 있는 위치가 어디인지를 알아야 어느 방향으로 갈 것인지, 어떤 목표를 세울 것인지 스스로 정할 수 있기 때문이다.

이렇게 자기관리 역량은 '나 알아차림'을 통해 스스로 선택하고 결정에 책임지는 것이다. 자발적인 사고와 태도로 내면의 힘을 키울 수 있다.

방탄소년단의 RM은 어린 시절 외부적인 영향으로 정해진 틀 안에 스스로를 가두면서 유령이 되어버린 때가 있었다고 했다. 그 때 자신의 내면에서 음악이 하는 소리가 들려왔다고 했다. "일어나서 너 자신의 목소리를 들어." 2018년 9월 유엔본부에서 방탄소년단의 이 연설 내용은 자발적인 태도 변화의 중요성에 대하여 말해주고 있다.

> 학습자는 자신에 대하여 잘 알고 있는가?
> 학습자는 자신의 삶에 얼마나 만족할까?
> 학습자는 자기 관리를 위해 무엇을 해야 하는지 알고 있을까?
> 학습자는 자기 관리의 필요성을 알고 자신의 삶에 적극적인 태도를 가질 수 있는가?

자기관리 역량을 위한 활동을 위해서 시작해야 하는 것은 현재 자기 자신이 어디에 서 있는지 '자기 위치 확인'이다. 자기관리는 '나 알아차림' 과정을 여러 번 반복하고 검토하여 자신이 하고자 하는 것이 무엇인지를 발견하는 것이다. 이런 문제의식을 가진 교수자를 위하여 '생생! 자기관리 역량'을 소개한다. '생생! 자기관리 역량'은 2015 개정 교육과정에서 '자기관리 역량'을 키우기 위한 수업 모델을 제시한다.

2. 수업 설계 목표

 '생생! 자기관리 역량'은 그림책 『치킨 마스크』(우쓰기 미호/책 읽는 곰, 2008)와 영상<가시망토를 쓴 소년>(감독 도우리, 이예찬, 2013)을 감상하고 내용을 파악하여, 등장인물과 자신의 입장을 바꾸어 생각하는 과정에서 자기 주체적 삶의 태도를 가질 수 있도록 구성하였다.

 수업 설계는 학습자가 다양한 미디어(그림책, 영상)를 읽고 기본활동으로 하여 자아 정체성을 확립하는 것을 학습 목표로 설정하였다. 등장인물의 입장을 이해하고 또 다른 관점에서 바라보면서 입장을 바꾸어 생각하는 시간을 통해 자기 자신을 발견하는 기회를 갖도록 하였다.

 교수자는 교과목별로 제시된 관련 성취기준을 자신의 수업 목표에 알맞게 선택하여 사용할 수 있다. 예를 들어 도덕 수업의 경우 '[9도01-03] 도덕적 정체성과 선한 성품을 지니기 위해 자신이 본받고자 하는 사람을 그 이유와 함께 선정하고 자기 자신을 도덕적 관점에서 인식·존중·조절할 수 있다.'를 선택할 수도 있고 '[9진01-01] 자신의 능력이나 특성, 강·약점 등을 존중할 수 있다.'를 추가로 선택하여 수업 목표를 정할 수도 있다.

 본 교수안에서는 기능요소 중 성찰하기를 우선적으로 선택하였다. 이외에 매체읽기, 문제인식하기, 표현하기, 입장 바꿔 생각하기를 추가하였다. 교수자는 자신의 수업 설계 목표에 따라 다른 기능요소를 추가할 수 있다.

핵심질문은 전체 수업과정을 제대로 수행하였는가를 묻는 것으로 자기관리 역량에서는 **'매체를 활용하여 자신을 성찰하고 자아정체성을 확립할 수 있는가?'**를 확인한다.

3. 수업의 실제

활동은 전체 3단계로 구성하였다.

활동 1에서 교수자는 학습자에게 윈도우 패닝(Window Panning)을 이용하여 자신의 '과거-현재-미래'를 표현하는 활동임을 안내한다. 윈도우 패닝은 활동지를 제공할 수도 있고 학습자 스스로 그리도록 해도 좋다.

내가 바라보는 나		
	①	

중심이 되는 ①번 칸에는 자기 이름과 자신의 모습을 '이모티콘'이나 '캐릭터'등 상징하는 그림으로 표현한다. 이름만 적어도 괜찮다. '과거-현재-미래'는 자유롭게 표현하도록 안내한다.

학습자가 자신의 모습을 스스로 생각하기 어려워하는 경우에 대비하여 교수자는 예시 자료를 준비한다. 과거의 경우, 자신의 과거 학창시절의 이야기를 들려주어도 좋다. 미래의 모습으로 지기가 어떤 사람이 되고 싶은지 가치부여를 해도 좋고, 어떤 일을 하고 있을 것 같은 지에 대해 표현해도 좋음을 안내한다. 꼭 직업에 국한하여 표현하지 않도록 지도한다. 윈도우 패닝으로 자신을 표현한 후 모둠원이 함께 이야기 나누는 시간을 갖는다.

상황에 따라 모둠에서 윈도우 패닝 발표 후 모둠원이 돌아가면서 서로에게 '긍정메시지'를 적어 주는 활동을 추가할 수 있다.

활동 1에서 교수자는 '교사평가'를 통해 학습자가 윈도우 패닝으로 자기의 '과거-현재-미래'를 표현하는 활동과 발표하는 과정을 평가한다.

매체 읽기 활동으로, 영상 읽기를 1차, 그림책 읽기를 2차로 진행한다.

활동 2에서는 영상 자료 읽기를 1차 활동으로, 이어서 그림책 읽기를 2차로 진행한다.

학습자는 매체 읽기 활동 전에 <큐브인형>을 오리고 조립하여 형태를 완성하고 활동하기 위한 틀을 만든다.

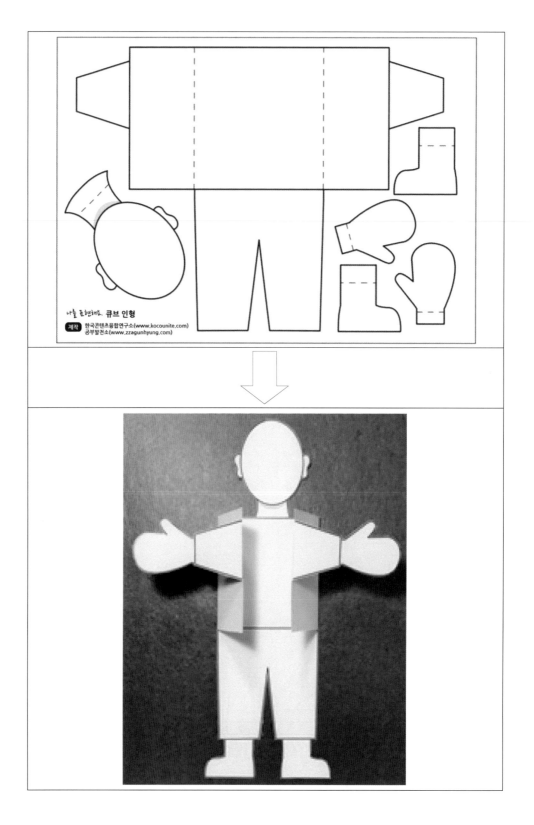

나를 표현해요. 큐브 인형

제작 한국콘텐츠융합연구소(www.kocounite.com)
공부발전소(www.zzagunhyung.com)

1차 영상읽기 활동 <가시망토를 쓴 소년>

큐브인형의 틀이 준비되면 영상 <가시망토를 쓴 소년>(영상자료: https://www.youtube.com/watch?v=hJsPrZdULXE&t=16s)을 감상하고 분석하는 활동을 한다. 학습자는 영상을 감상 하면서 감독이 어떤 미장센(무대 위에서의 등장인물의 배치·역할 및 무대 장치와 조명 등에 관한 총체적인 플랜. 출처 : 국립국어원 표준국어대사전)으로 메시지를 전달하고 있는지 분석하며 감상하도록 한다.

활동 2에서는 영상에 중점을 두어 분석하고 자기 생각과 경험을 표현할 수 있도록 안내한다. 영상 속 인물을 통해 자기의 현실이 과거로부터 오는 것이고 현재의 생각과 행동이 미래 모습을 결정한다는 것을 이해할 수 있도록 안내하면 좋다.

영상에서 드러나는 상징에 대한 질문을 자유롭게 맵의 형식으로 만들어 보고 그에 대한 학습자의 생각을 쓰도록 한다. 질문에 대한 내용을 적은 후 모둠원이 함께 이야기 나누는 시간을 가진 후 발표가 마무리 되면 큐브인형의 오른쪽에 붙이게 한다.

큐브인형에 활동 자료를 붙이고 '자기의 어려움을 극복한 사례'에 대하여 발표자를 모둠에서 선정하여 각 모둠별로 돌아가면서 발표한다. 이때 다른 학습자는 모두 경청할 수 있도록 안내하며 발표자에게 모두 응원의 박수를 쳐주도록 안내한다.

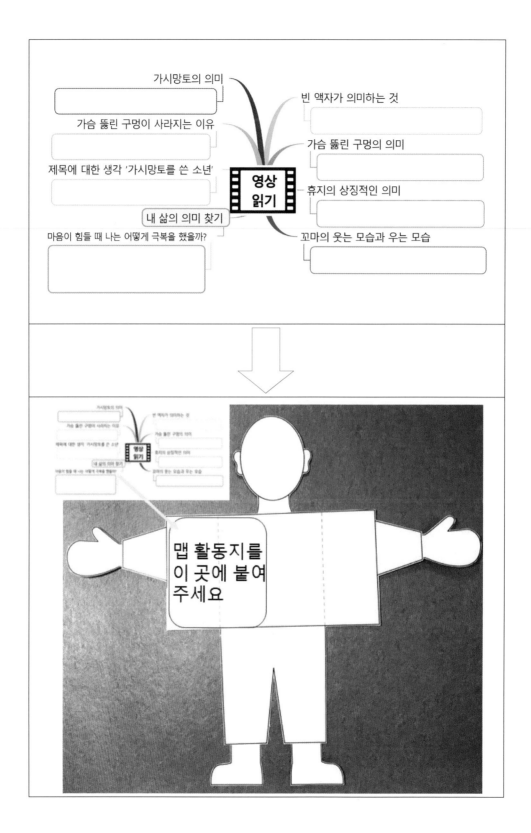

2차 그림책 읽기 활동 『치킨 마스크』

영상읽기 활동 후 교수자는 학습자가 『치킨 마스크』 그림책을 읽으면서 다음과 같은 내용을 분석하며 읽었는지 확인한다.

- 치킨 마스크의 고민이 무엇인가요?
- 치킨 마스크는 비밀 장소에서 무엇을 발견했나요?
- 치킨 마스크의 재능 그릇이 가득 채워진 이유는 무엇인가요?

에 대하여 생각하는 시간을 가진다. 그림책을 통한 내면화 활동은 활동 3에서 진행된다.

활동 2에서 학습자는 영상매체의 내용을 분석하여 이해하고 큐브인형에 자기를 표현하는 과정을 상호평가하며 교수자는 활동 2의 전체 과정을 살펴 평가한다.

활동 3은 영상과 그림책의 주인공을 통해 나를 들여다 보는 시간을 갖고 자신에게 내재된 역량을 발견하고 큐브인형에 표현하는 것을 목표로 한다.

학습자는 '내가 나와 만나는 시간'을 갖고 두 매체(영상, 그림책)를 통해 주인공들이 삶 속에서 자기 안정과 자존감을 찾게 된 동기가 무엇인지 함께 알아본다. 학습자가 어려워 할 경우 교수자는 이전 활동에 대하여 전체적으로 설명을 해 주거나 중요하다고 생각하는 이미지를 보여 주어도 좋다. 이야기 속 주인공들의 말이나 행동에서 학습자 자신의 삶을 돌아보는 성찰의 시간을 갖는다.

다음과 같은 목록을 제시하여 주고 큐브인형의 왼쪽에 적도록 한다.

・ 내 삶에서의 조력자
・ 내게 힘이 되어 주는 것
・ 내가 잘 하고 싶거나
  잘한다고 생각하는 것
・ 나를 성장시켜 하고
  싶은 일

    교수자는 활동 1의 윈도우 패닝을 생각하며 자신의 미래 모습을 상기시키고 활동 3에서 기록한 내용들을 되새겨 보며 낭독하도록 한다.

    낭독 후에는 되고 싶은 자기 자신의 미래 모습을 그려보고 노력했거나 시도했던 일등을 살펴 자신에게 감사하는 '자기 감사카드'를 만든다. '자기 감사카드'는 큐브인형의 뒷면 주머니에 넣는다. 전체 활동을 생각하며 자신을 표현하는 '생생! 큐브인형'의 외부 모습을 꾸며준다.

    활동 3에 대한 평가로 학습자는 '자기성찰'을 통해 자신의 내재 되었던 재능 또는 역량을 발견하여 표현했는지 학습자의 상호평가와 교수자의 교수평가를 진행한다.

4. 평가

자기관리 역량은 자기 삶에 대한 주체자로서 자기를 성찰하는 시간을 갖는데 목적과 그 의의가 있다. 건강하고 행복한 지구촌이 되려면 개개인의 올바른 자기성찰의 태도가 중요하다.

자기성찰이 부족하거나 올바른 자기성찰의 경험을 하지 못하게 된다면 이기심과 배려가 부족해지며 건강한 공동체를 이룰 수 없기 때문이다.

교수자는 자기성찰을 제대로 했는지와 매체 속의 인물과 입장을 바꿔 생각하고 내면화했는지를 중점적으로 평가해야 한다.

평가는 모두 세 가지로 교사평가와 상호평가, 생활기록부 기재용 진술문을 예시 자료로 첨부하였다.

교사평가 루브릭은 세 단계 평가로 실시할 수 있으며 상호평가 루브릭은 학생들 상호간에 실시한다. 생활기록부 기재용 진술문은 과정평가로 세 단계 예시를 제시하였다.

교육과정 · 수업 · 평가 · 기록의 일체화를 위한 활동지도안 mem: media edu makers	

팀 활동	개인 활동
(　　　　팀) 팀원:	(　　　　)학교 (　　)반 (　　)번 이름 :

활동명	**생생! 큐브인형 자기관리 에듀 북메이킹** 내가 나와 만나는 시간
관련 성취 기준	※ 교사가 진행하고자 하는 활동 중심으로 다음 성취 기준 중 선별하여 사용할 　수 있다. □ [9진01-01] 자신의 능력이나 특성, 강·약점 등을 존중할 수 있다. ☑ [9진01-03] 대인관계의 중요성을 이해하고, 가족, 친구, 선생님, 이웃 등 주 　변 사람들과 적절한 관계를 맺을 수 있다. ☑ [9도01-03] 도덕적 정체성과 선한 성품을 지니기 위해 자신이 본받고자 하 　는 사람을 그 이유와 함께 선정하고 자기 자신을 도덕적 관점에서 인식·존 　중·조절할 수 있다. □ [9도01-02] 도덕적 행동을 위한 도덕적 상상력과 민감성, 도덕적 추론의 과 　정과 비판적 사고의 역할을 이해하고, 자신의 삶을 도덕적으로 성찰하는 태 　도를 기를 수 있다. □ [9도01-05] 행복한 삶을 위해 좋은 습관과 건강의 필요성을 설명하고, 정서 　적 건강과 사회적 건강을 가꾸기 위한 방안을 제시하고 실천 의지를 함양할 　수 있다. ☑ [9국01-02] 상대의 감정에 공감하며 적절하게 반응하는 대화를 나눈다. ☑ [9국03-05] 자신의 삶과 경험을 바탕으로 하여 독자에게 감동이나 즐거움을 　주는 글을 쓴다.
학습 목표	매체 감상 후 내용을 파악하고 등장인물과 자신의 입장을 바꾸어 생각해 봄으 로서 주체적 삶의 태도를 가질 수 있다.
기능 요소	※ 교사가 선택한 관련성취기준에 따라 다음 기능요소는 선택하거나 추가하여 　진행할 수 있다. 매체읽기 (√) 발표하기(√) 문제인식하기(√) 해결방안 탐색하기( ) 성찰하기 (√) 표현하기 (√) 감상하기 ( ) 입장 바꿔 생각하기 (√)
핵심 질문	매체를 활용하여 자신을 성찰하고 자아정체성을 확립할 수 있는가?

순서	소재적 핵심질문	학습 경험		평가활동
활동 1	자신이 생각하는 '나'를 표현할 수 있는가?	**윈도우 패닝(Window Panning)** 자신의 과거-현재-미래 표현하기 - 윈도우 패닝에 대하여 안내하기 　※ 윈도우 패닝 활동시 신문 또는 잡지를 준비하여 다양하게 표현할 수 있도록 제공한다. - 윈도우 패닝 활동 감상하기 　⇒ 용어설명 도움말 참조 	관점	자신의 모습을 윈도우 패닝으로 표현했는가

활동 1	자신이 생각하는 '나'를 표현할 수 있는가?		관점	자신의 모습을 윈도우 패닝으로 표현했는가
		[발표하기] '자신이 생각하는 나' 발표하기 - 모둠별로 나를 표현한 윈도우 패닝 활동 발표하기 ※ 교수자는 상황에 따라 발표 활동 후, 학습자 상호간에 긍정메시지 적어 주기 활동을 추가할 수 있다.	방법	상호평가(√) 교사평가(√)
활동 2	나를 큐브인 형으로 표현할 수 있는가?	**[큐브인형]** 큐브인형 틀 만들기 - 큐브인형 오리고 조립하여 완성하기 - 제공된 큐브인형을 오려 준비하기 - 큐브인형 뒷면에 주머니 만들기	관점	영상매체 내용을 이해하고 큐브인형으로 나를 표현했는가

| 활동 2 | 나를 큐브인형으로 표현할 수 있는가? |

[영상 읽기] 질문 맵핑하기
※ 참고: 영상읽기
  <가시망토를 쓴 소년>
  https://www.youtube.com/watch?v=hJsPrZdULXE&t=16s
- '가시망토를 쓴 소년' 감상 후 주제어 자유롭게 이야기 나누기
- 영상에서 상징적으로 드러나는 것에 대하여 질문 만들고 표현하기
　·빈 액자가 의미하는 것
　·가슴 뚫린 구멍의 의미
　·휴지의 상징적인 의미
　·꼬마의 웃는 모습과 우는 모습
　·가시망토의 의미
　·가슴에 뚫린 구멍 사라지는 이유
　·제목에 대한 생각 '가시망토를 쓴 소년'

- 교수자는 학습자들이 활동내용에 따라 방향성을 제시한다.
- 질문 내용을 맵핑에 정리하여 큐브인형의 오른쪽에 붙이기

 | 관점 | 영상매체 내용을 이해하고 큐브인형으로 나를 표현했는가 |

활동 2	나를 큐브인형으로 표현할 수 있는가?	 **[발표하기]** 모둠 사례 발표하기 - 모둠별로 자신의 어려움을 극복한 사례에 대해 이야기 나누기 - 모둠에서 발표할 사람을 선정하여 발표하기 - 다른 사람들은 경청하기	관점	영상매체 내용을 이해하고 큐브인형으로 나를 표현했는가
		[그림책 읽기] 그림책 감상하고 생각나누기 ※ 참고 『치킨마스크』 • 치킨마스크의 고민은 무엇일까? • 치킨마스크가 비밀장소에서 발견한 것은 무엇일까? • 치킨마스크의 재능 그릇이 가득 채워진 이유는 무엇일까?	방법	상호평가(√) 교사평가(√)
활동 3	영상과 그림책 주인공을 통해 자신의 내재된 역량을 발견할 수 있는가?	**[내면화하기]** 내가 나와 만나는 시간 ※ 큐브인형의 내지 오른쪽 면에 활동하기 - 영상과 그림책의 주인공이 삶에서 자기 인정과 자존감을 찾게 된 동기는 무엇인가? - 영상과 그림책 주인공의 일상을 통해 나 들여다보기 • 내 삶에 있어 나의 조력자 • 내게 힘이 되어 주는 것 • 내가 잘 하고 싶거나 잘한다고 생각하는 것 • 나를 성장시켜 하고 싶은 일	관점	자신의 내재된 역량을 발견하여 표현했는가

맵 활동지를 이 곳에 붙여 주세요

· 내 삶에 있어 나의 조력자 · 내게 힘이 되어 주는 것 · 내가 잘 하고 싶거나 잘한다고 생각하는 것 · 나를 발전시켜 하고 싶은 일

내면화 하기 활동

| 활동 3 | 영상과 그림책 주인공을 통해 자신의 내재된 역량을 발견할 수 있는가? | **[큐브인형]** 나를 생각하며 큐브인형 마무리 감사 카드 만들기
- '과거-현재-미래' 중 선택하여 자기에게 감사 카드 쓰기
- 큐브인형의 외부 모습 꾸미기

큐브인형 뒷면

감사카드 만들어 주머니에 넣어주세요 | 관점 | 자신의 내재된 역량을 발견하여 표현했는가 |

활동 3	영상과 그림책 주인공을 통해 자신의 내재된 역량을 발견할 수 있는가?		관점	자신의 내재된 역량을 발견하여 표현했는가
			방법	상호평가(√) 교사평가(√)

(홍길동)활동의 교사평가 루브릭			
평가 요소	평가 기준		
	상	중	하
성찰 하기	자신이 생각하는 과거-현재-미래의 모습을 깊이 성찰하고 '내가 바라보는 나'가 잘 드러나도록 신문이나 잡지 등을 응용하거나 그림을 그리고 특징이 드러나는 어휘나 문장 등으로 윈도우 패닝을 다양하게 표현하여 완성하고 자신있게 표현할 수 있다.	자신이 생각하는 과거-현재-미래의 모습을 생각하고 '내가 바라보는 나'가 드러나도록 신문이나 잡지 등을 사용하고 간단한 어휘 등을 써서 윈도우 패닝에 다양하게 표현하고 발표할 수 있다.	내가 생각하는 나의 모습을 생각하고 '내가 바라보는 나'를 신문이나 잡지 등을 이용하여 윈도우 패닝에 표현하고 발표할 수 있다.
문제 인식과 표현	영상의 메시지를 잘 파악하여 내용을 꼼꼼하게 맵핑으로 정리하고 자신의 삶에서 마음이 힘들었을 때 어떻게 극복했는지를 자신의 경험을 담아 구체적으로 표현할 수 있다. 그림책 읽기를 하고 주인공의 경험을 통해 자기를 인정하여 자존감에 대해 인식하고 자신을 성장시키는데 도움이 된 것에 대한 감사카드를 성실하게 작성할 수 있다.	영상의 메시지를 파악하여 내용을 맵핑으로 정리하고 자신의 삶에서 마음이 힘들었을 때 어떻게 극복했는지를 자신의 경험을 담아 표현할 수 있다. 그림책 읽기를 하고 주인공의 경험을 통해 자신에게 도움이 되고 힘이 되었던 것에 대한 감사카드를 작성할 수 있나.	영상을 보고 맵핑 할 수 있으며 자신의 삶에서 힘들었을 때 어떻게 극복했는지 간략하게 표현할 수 있다. 그림책 읽기를 하고 자신을 성장시키는데 도움이 된 것에 대한 감사카드를 작성할 수 있다.

평가요소	평가문항	팀명 또는 개인					
		1 모둠	2 모둠	3 모둠	4 모둠	5 모둠	6 모둠
자기 관리 역량	영상 매체와 그림책을 통해 성찰하는 시간을 바탕으로 자신에게 내재된 역량이 무엇인지 찾아보고 큐브 인형으로 표현하기	5 ☐ 4 ☐ 3 ☐ 2 ☐ 1 ☐	5 ☐ 4 ☐ 3 ☐ 2 ☐ 1 ☐	5 ☐ 4 ☐ 3 ☐ 2 ☐ 1 ☐	5 ☐ 4 ☐ 3 ☐ 2 ☐ 1 ☐	5 ☐ 4 ☐ 3 ☐ 2 ☐ 1 ☐	5 ☐ 4 ☐ 3 ☐ 2 ☐ 1 ☐
의사 소통 역량	그림책과 영상매체를 읽고 셀프 소통 과정을 이해하고 현재 자신의 모습과 소통하려는 태도갖기	5 ☐ 4 ☐ 3 ☐ 2 ☐ 1 ☐	5 ☐ 4 ☐ 3 ☐ 2 ☐ 1 ☐	5 ☐ 4 ☐ 3 ☐ 2 ☐ 1 ☐	5 ☐ 4 ☐ 3 ☐ 2 ☐ 1 ☐	5 ☐ 4 ☐ 3 ☐ 2 ☐ 1 ☐	5 ☐ 4 ☐ 3 ☐ 2 ☐ 1 ☐
합계		점	점	점	점	점	점

(홍길동)활동 상호평가 루브릭(팀 단위 5점 평가)

생활기록부 기재용 활동 과정 진술	
구분	활동 과정 진술 (활동/배움/성장)
우수 사례 ①	자신이 생각하는 과거-현재-미래의 모습을 깊이 성찰하고 '내가 바라보는 나'가 잘 드러나도록 윈도우 패닝을 완성하였다. 신문이나 잡지 등을 응용하거나 그림을 그리고 특징이 드러나는 어휘나 문장 등으로 다양하고 자신있게 표현하였다. 영상의 메시지를 잘 파악하여 내용을 꼼꼼하게 맵핑으로 정리하였다. 자신의 삶에서 마음이 힘들었을 때 어떻게 극복했는지를 자신의 경험을 담아 구체적으로 표현하였다. 그림책 읽기를 하고 주인공의 경험을 통해 자기를 인정하여 자존감에 대해 인식하고 자신을 성장시키는데 도움이 된 것에 대한 감사카드를 성실하게 작성하였다. 이 활동들을 통해 자기관리 역량이 월등하게 성장하였다.
일반 사례 ②	자신이 생각하는 나의 모습을 떠올리며 '내가 바라보는 나'를 신문이나 잡지 등을 이용하여 윈도우 패닝에 표현하고 발표하였다. 영상을 보고 내용을 간략하게 맵핑하였다. 자신의 삶에서 마음이 힘들었을 때 어떻게 극복했는지를 짧게 표현하였다. 그림책 읽기를 하고 자신을 성장시키는데 도움이 된 것에 대한 감사카드를 작성하였다. 이 활동들을 통해 자기관리 역량이 향상되었다.

자기관리 역량

요약:

자기관리 역량은 자아 정체성을 인식하여 자신감을 가지고 자신의 삶과 진로에 필요한 기초 능력과 자질을 갖추어 자기 주도적으로 살아갈 수 있는 능력이다.

그림책과 영상을 감상하고 내용을 파악하여, 등장인물과 자신의 입장을 바꾸어 생각하는 과정에서 자기 주체적 삶의 태도를 키우는데 중점을 두었다.

용어정리

▶ 윈도우 패닝 : 기억력을 높이기 위한 방법으로 창문 형식의 9칸에 주제와 관련된 그림을 그려 표현한다. 가운데 한 칸은 중심 주제어나 그림을 넣는다. 이 때 칸은 9칸을 넘지 않도록 한다.

▶ 큐브인형 : 큐브인형은 큐브퍼즐을 응용하여 만든 것으로 자신을 다양하게 표현하는 사람 모양의 교보재이다. (원래의 교육놀이용 큐브 퍼즐은 중심 축 외 26개의 독립된 정육면체로 이루어져 있으며 이를 응용하였다.)

▶ 나 알아차림 : 한 개인이 자기 자신의 감정, 욕구, 외부적 환경이나 처한 상황 등을 직시하고 있는지를 스스로 알아차리는 것이다. 행동과 사고하는 방향을 정하는데 영향을 준다.

함께 보면 좋아요

『마음의 집』(창비, 2010)

『어린이를 위한 선물』(랜덤하우스코리아, 2004)

『빨간 벽』(봄봄, 2018)

『자존감 수업』(심플라이프, 2016)

『난 빨강』(창비, 2010)

 tip: 이런 활동도 가능해요~!!

▶ 자기 소개하기- 사물이나 숫자, 색, 음식, 휴대폰앱 등 다양한 방법으로 자신을 표현하기

▶ '미래의 나' 프로필 만들기- 포털사이트에 인물검색으로 올라올 자신의 프로필을 만들기

▶ 패러디 시쓰기

MEMO

MEMO

03

톡톡! 지식정보처리 역량

톡톡, 저는 늘 많은 지식을 찾고
문제를 해결하기 좋아합니다.
저와 함께 **지식정보처리 역량**을
키워볼까요?

 지식정보처리 역량 워드 클라우드는 2015 개정 교육과정에서 제시하는 중요 키워드인 '문제인식, 정보수집, 분석, 활용, 논리적 사고, 문제해결 방안 탐색, 매체활용능력'을 시각화하여 한 눈에 알아볼 수 있도록 했다. 또한『누구나 따라하면 키워지는 핵심역량 교수법』이 제시하는 수업의 목표인 '학습자 중심, 과정평가'도 파악할 수 있다. 활동 과정의 키워드는 '나의 경험 공유, 가우디의 일생과 건축물의 특징 PMI분석, 우리 지역 랜드마크 리디자인, 에듀 북메이킹'으로 이해할 수 있다.

1. 수업 설계 배경

"BTS가 미국 뉴욕 UN본부에서 연설을 했습니다."
BTS가 연설 했다는 뉴스로 수업이 시작되면 다음과 같은 반응이 나온다.
"맞아요. 랩몬은 영어도 잘해요!"
"또 BTS야, 방탄 얘기 너무 많이 들었어요."
"BTS가 뭐예요? UN은 또 누구야?"

하나의 이야기에도 학습 현장에서는 다양한 목소리가 들린다. 교수자는 이러한 다양한 반응 때문에 수업의 방향성에 대하여 많은 고민을 하게 된다. 수업과 연결하여 관련 자료를 수집하고 선별한다는 것은 정보의 홍수 속에서 더 없이 힘들고 어려운 일이다. 자료를 선별했다 하더라도 교수자가 아닌 학습자 중심으로 수업을 진행해야 하기 때문에 적절한 어휘와 교수방법을 구성하는 것은 더욱 어렵다.

교수자만의 고민이 아니라 학습자 역시 고민을 가지고 있다. 학습자들은 기본적으로 주 5일 학교 수업을 통해 지식을 습득해야 한다. 대부분의 학생들은 학교에서의 교육으로만 끝나는 것이 아니라 학원에 과외까지 이중삼중의 지식을 받아들여야 한다. 자신의 의지와는 무관하게 강제적으로 지식을 습득하기도 한다. 그 외에도 개인적으로 뉴미디어 매체인 SNS를 통해 수많은 정보를 접하기도 한다.

최근 TV 방송 트렌드를 보아도 인문학적 소양을 키우기 위한 프로그램이 늘고 있다. 인터넷과 스마트폰의 진화는 '비자발적 비독자'를 양산해 내고 있기 때문이다. (관련자료 : 한겨레 20180927/ 읽지 않는 이유 알아야 읽게 할 수 있다) 일반 대중이 이해할 수 있는 수준의 인문과학 지식과 정보가 끊임없이 전파를 타고 있다. 학습자들은 이렇게 많은 지식과 정보를 과연 얼마나 내 것으로 만들 수 있는 지 의문이 든다.

> 학습자는 자발적으로 정보를 탐색하는가?
> 학습자는 습득한 지식을 어떻게 활용하는가?
> 학습자는 문제해결을 위해 지식을 활용하는가?
> 학습자들의 지식과 정보를 습득하는 수준은 어느 정도일까?

이와 같은 고민을 하는 교수자들과 공유하고자 '톡톡! 지식정보처리 역량'을 소개한다. 2015 개정 교육과정에서의 핵심역량 중 '지식정보처리 역량'을 키우기 위한 방향성을 제시하는 수업모델이다.

2. 수업 설계 목표

'톡톡 지식정보처리 역량'은『자연을 담은 건축가 가우디』(레이첼 로드리 게즈/미래엔, 2010)그림책을 읽고 분석하여 랜드마크 공간을 창의적으로 리디자인하는 것을 학습목표로 설정하였다.

건축가 가우디(안토니오 가우디 이 크르네트, 1852년 에스파냐 출신)를 학습 주제로 정한 이유는 어린 시절 장애 때문에 자연환경을 관찰하면서 얻은 지식으로 세계적 건축물을 창조해 낸 인물이기 때문이다. 그는 성장하면서 늘 주변인물과 교육환경에서 찾아 배우고 익힌 지식들을 건축물의 특징으로 잘 녹여내었고 우리나라의 한옥과 같이 자연 친화적인 건축을 디자인한 점도 그 이유이다.

수업 설계는 학습자가 다양한 미디어(그림책, 온라인·오프라인 백과사전, 스마트폰·PC 등)를 사용하여 관련 지식과 정보를 탐색하고 활용하여 가우디의 삶과 작품 세계를 이해하도록 하였다. 그리고 가우디의 건축물이 세계적인 랜드마크가 된 이유를 스스로 탐구하도록 하였다. 이후 습득한 지식을 바탕으로 우리 지역의 특성에 맞는 랜드마크 리디자인에 창의적으로 적용하도록 지도한다.

이 때 교수자는 교과목별로 제시된 관련 성취기준을 자신의 수업 목표에 알맞게 선택하여 사용할 수 있다. 예를 들어 지리 수업인 경우 '[9사(지리)

08-01] 세계적으로 유명하거나 매력적인 도시의 위치와 특징을 조사한다.'
만 선택할 수도 있고 '[9국01-08] 핵심 정보가 잘 드러나도록 내용을 정리
하여 구성하여 발표한다.'를 추가로 선택하여 수업 목표를 정할 수도 있다.

기능요소 중에서는 정보탐색하기, 매체활용하기, 적용하기와 문제인식을
우선적으로 선택하였다. 교수자는 자신의 수업 설계 목표에 따라 추가적으
로 분석하기나 비판하기도 선택할 수 있다.

핵심질문은 전체 수업과정을 제대로 수행하였는가를 묻는 것으로 지식정
보처리 역량에서는 **'지식정보를 활용해 내가 사는 지역의 랜드마크를 창의
적으로 표현할 수 있는가?'**를 확인하는 것이 중요하다.

3. 수업의 실제

활동 1에서 학습자는 자신의 경험으로 알고 있는 상징물에 대해 말하기 활동을 진행한다. 자신이 보았던 인상적인 건물이나 장소, 경관에 대해 이야기를 나누면서 랜드마크의 개념에 접근할 수 있다.

미디어를 이용한 검색을 통해 랜드마크의 의미를 이해한다.
예를 들어 스마트폰을 활용하여 세계 여러 나라의 랜드마크를 검색하면 쉽게 찾을 수 있다. 여러 나라의 다양한 랜드마크의 사진(이미지 자료)을 감상한다. 온라인 검색이 어려운 경우를 대비하여 교수자는 랜드마크의 사전적 의미와 사진을 미리 준비해 제공한다.

활동 1에서 교수자는 '교사평가'를 통해 학습자 상호간의 말하기 활동과 개인 발표 활동을 평가한다.

활동 2에서 학습자는 『자연을 담은 건축가 가우디』(레이첼 로드리제즈/아이세움, 2010) 그림책을 읽고 분석하여 가우디의 성장과정과 작품세계를 이해하는 활동을 통해 가우디에 관한 기본 지식을 습득하여 마인드맵으로 정리한다.

학습자는 가우디의 대표작품을 이미지로 감상한 후 가우디 작품의 특징에 대해 가볍게 이야기 나누기 활동을 한다. 자신이 알게 된 내용과 다른 사람의 의견을 종합하여 'PMI 분석'방법으로 정리한다. 이 때 PMI 분석 방법을 통해 가우디 건축물에 대한 특징을 구조화 할 수 있다.

가우디 건축물의 특징	
Plus	
Minus	
Interesting	

정리가 끝나면 모둠에서 가우디의 삶의 과정과 작품의 특징을 연결하여 발표한다. 예를 들어 "어려서부터 류마티스를 앓고 있어서 바깥활동보다 집 주변의 자연환경을 자주 접하며 자세하게 관찰한 것들이 작품에 많이 나와요." 하고 발표한다.

학습자의 수준에 따라 수준을 높여 진행할 수도 있다.

그림책 말미에 수록된 읽기 자료에는 가우디의 삶과 작품들이 정리되어 있다. 특히 카탈루냐 역사에 대한 설명을 함께 읽으면, 가우디의 작품에 카탈루냐 문화의 전통에 대한 자부심과 바르셀로나의 창조 정신이 어우러져 있다는 것을 알 수 있어서 보다 수준 있는 표현활동이 가능하다.

활동 3은 적용과 마무리 표현활동이다.

학습자는 우리 지역의 랜드마크에 대해 정보탐색 활동과 조사·발표하기 활동을 진행한 후 토의를 통해 랜드마크 리디자인 작업을 설계한다. 교수자는 스마트폰을 활용한 단순 검색활동으로 그치지 않도록 다양한 탐색 방법을 제시한다. 관공서 홈페이지를 이용하는 방법, 브로슈어 보여주기, 구청이나 주민센터에서 우리 지역의 유래나 축제 검색하기, 비치된 자료 살펴보기 등의 다양한 방법이 있다는 것을 제시하여 학습자에게 설명한다.

위의 자료를 바탕으로 랜드마크를 창의적으로 리디자인한다. 리디자인 (re-design)이란 '기존 제품의 기능, 재료, 또는 형태적 변경의 필요에 따라 디자인을 개량하거나 조형을 변경하는 행위'(네이버 지식백과)를 말한다. 교수자는 기존의 건축이나 구조물에 새로운 이야기를 부여하거나 기능을 부여하는 등 창의적으로 디자인할 수 있음을 설명한다. 예시로 기차역을 개조한 오르세 미술관, 부산 초량동의 이바구 마을 등 자신이 리디자인한 랜드마크의 특징을 자세하게 설명하는 글을 쓴다.

에듀 북메이킹 마무리 활동으로 꾸미기와 편집활동을 한다.
자투리 색지를 이용하여 정보를 쓰거나, 여백을 활용하여 그리기, 선긋기 등으로 작품을 돋보이게 꾸며준다.

앞표지에 가우디의 대표 작품인 파밀리아 대성당 모자이크 색칠 작업을 한 후, 뒷표지의 가우디 사진 붙이기로 표지 꾸미기를 마무리한다.

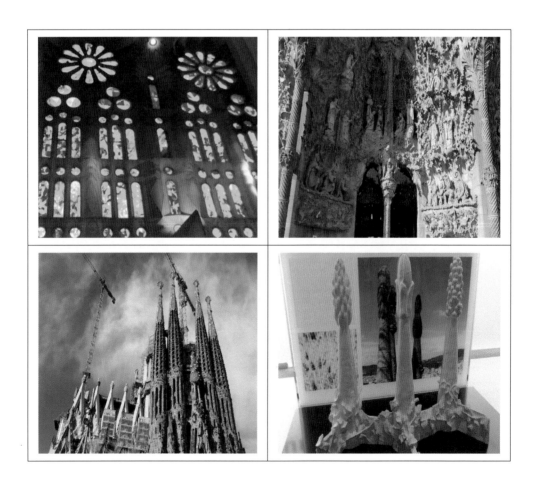

마지막 평가는 상호평가와 교사평가를 동시에 진행한다.

상호평가는 우리지역 조사활동으로 알게 된 지식과 표현 방법 등 토의 결과를 중심으로 학습자 상호간 평가를 한다.

교사평가는 매체활용 방법의 다양성, 모둠 활동 참여도, 전체 에듀 북메이킹 완성도를 평가한다.

4. 평가

'톡톡! 지식정보처리 역량'의 평가는 학습자가 스스로 지식정보를 탐색하고 활용하여 가우디처럼 창의적으로 자신의 랜드마크를 리디자인하고 표현하였는가가 중요하다.

평가는 모두 세 가지로 교사평가와 상호평가, 생활기록부 기재용 진술문을 예시 자료로 첨부하였다.

교사평가 루브릭은 세 단계 평가로 실시할 수 있으며 상호평가 루브릭은 학생들 상호간에 실시한다. 생활기록부 기재용 진술문은 과정평가로 세 단계 예시를 제시하였다.

교육과정·수업·평가·기록의 일체화를 위한 활동지도안
mem: media edu makers

팀 활동	개인 활동
(팀) 팀원:	( )학교 ( )반 ( )번 이름:

활동명	**톡톡! 지식정보처리 에듀 북메이킹** 우리지역 랜드마크 리디자인북
관련 성취 기준	※ 교사가 진행하고자 하는 활동 중심으로 다음 성취 기준 중 선별하여 사용할 수 있다. ☐ [9국05-05]작품이 창작된 사회 문화적 배경을 바탕으로 작품을 이해한다. ☑ [9국01-08]핵심 정보가 잘 드러나도록 내용을 정리하여 구성하여 발표한다. ☑ [9사(지리)08-01] 세계적으로 유명하거나 매력적인 도시의 위치와 특징을 조사한다. ☐ [9사(일사)02-01] 문화의 의미를 이해하고, 문화가 가지는 특징을 사례를 통해 분석한다. ☐ [9미03-03] 미술용어와 지식을 활용하여 작품의 내용과 의미를 배경과 관련지어 해석할 수 있다. ☑ [9미01-04] 미술과 다양한 분야의 융합 방안을 모색할 수 있다. ☐ [9과0601] 물체를 보는 과정을 빛의 경로를 이용하여 표현할 수 있다. ☑ [9도04-01] 인간과 자연의 조화를 통한 삶의 중요성과 환경 보호의 필요성을 다각적으로 이해하고, 생태지속가능성의 관점에서 소비 생활과 환경에 대한 가치관을 평가해 보며, 환경 친화적인 실천 기술을 익힐 수 있다.
학습 목표	건축가 가우디에 대한 지식정보를 활용해 우리 지역의 랜드마크(대표 건물/장소)를 좀 더 의미 있고 창의적인 공간으로 리디자인할 수 있다.
기능 요소	※ 교사가 선택한 관련성취기준에 따라 다음 기능요소는 선택하거나 추가하여 진행할 수 있다. 정보탐색하기(√) 구조화하기( ) 매체활용하기 (√) 적용하기 (√) 문제인식하기(√) 해결방안 탐색하기(√) 분석하기( ) 평가하기( ) 비판하기( ) 표현하기 (√)
핵심 질문	지식정보를 활용해 내가 사는 지역의 랜드마크를 창의적으로 표현할 수 있는가?

순서	소재적 핵심질문	학습 경험		평가활동	
활동 1	우리 지역 랜드마크와 세계적 랜드마크의 차이점을 말할 수 있는가?	**[나의 경험 말하기]** 자신이 보았던 상징물 말하기 - 자신이 보았던 인상적인 건물, 장소, 경관 등에 대하여 말하기 **[단어 이해하기]** 랜드마크에 대해 이해하기 [랜드마크 (land mark) 어떤 지역을 대표하는 장소·건물, 주위 경관 중에서 두드러지게 눈에 띄는 것. (비상학습백과 중학교 사회)] - 랜드마크가 갖는 의미에 대하여 말하기 **[세계적 랜드마크 감상하기]** 세계적인 랜드마크 감상하기 예시: 에펠탑, 오페라하우스, 서울타워, 내장산, 순천만습지, 제2롯데월드, 한라산 등 - 우리 지역 랜드마크와 세계적 랜드마크의 차이점 말하기		관점	우리 지역 랜드마크와 세계적 랜드마크의 차이점을 말했는가
		중국 상해 동방명주	서울 남산타워		

		미국 자유의 여신상	말레이시아 쌍둥이빌딩	방법	상호평가(√) 교사평가(√)
활동 2	가우디의 일생을 알아보고 새롭게 알게 된 정보를 말 할 수 있는가?			관점	가우디 일생과 가우디의 건축물을 이해하고 PMI로 정리했는가

[그림책 읽기] 가우디 일생 알아보기

※ 참고:『자연을 담은 건축가 가우디』
가우디 일생 관련 미디어 자료(책, 다큐멘터리 등)를 확인하고, 가우디가 살아온 과정을 마인드맵으로 정리하기

[정보구조화하기] 가우디 건축물 특징 정리하기
• 사진이나 동영상 속 가우디의 여러 작품 감상하고 특징 찾기
-예시자료

- 학습자 예시 답변
- 곡선이 많고 색이 화려해요.
- 자연과 조화를 이루었어요.
- 자연의 모습을 닮았어요.
- 종교적인 분위기가 느껴져요.

[분석하기] 가우디 건축물의 PMI 찾기
• 가우디 건축물의 특징을 PMI로 정리하기

		P	이미지(사진기술, 도서관)
		M	이미지(자연, 비용, 시간)
		I	이미지(환경, 유리조각, 도마뱀, 곤충, 뼈모양)
		PMI 이렇게 활용하세요	
		Plus	아이디어의 좋은 점, 강점
		Minus	아이디어의 안 좋은 점
		Interesting	아이디어에 대한 흥미로운 점

활동 2	가우디의 일생을 알아보고 새롭게 알게 된 정보를 말 할 수 있는가?		관점	가우디 일생과 가우디의 건축물을 이해하고 PMI로 정리했는가

활동 2	가우디의 일생을 알아보고 새롭게 알게 된 정보를 말 할 수 있는가?	**[종합하기]** 가우디 건축물의 특징 및 의의 정리하기 - 앞서 정리한 가우디 관련 지식정보를 바탕으로 가우디의 작품이 스페인의 대표적 랜드마크가 된 이유와 가우디가 어떤 정보를 활용해 건축물을 만들었는지 토의하기 - 토의 내용 발표, 공유하기	방법	상호평가(√) 교사평가(√)
활동 3	우리 지역 랜드마크를 창의적으로 표현할 수 있는가?	**[조사 발표하기]** 내가 사는 지역의 랜드마크 알아보기 - 정보탐색 방법 토의하기 (지역관공서홈페이지, 브로슈어, 한국관광공사, 한국문화재청, 도서관 등 활용) - 정보 탐색하기: 인공물, 자연물 모두 찾기 - 우리 지역 랜드마크 조사 내용 모둠별 정리하여 발표하기 - 랜드마크가 되려면 어떤 조건이 필요한지 의논하여 말하기 	관점	가우디 건축물의 특징을 적용하여 우리 지역 랜드마크를 시각적으로 표현했는가

| | | [적용하기] 우리 지역 랜드마크 리디자인하기
1. 우리 지역 랜드마크 선택하기
2. 우리 지역 랜드마크에 적용할 수 있는 가우디의 아이디어 선택하기

<학습자 예시 답변>
- 가우디가 선택한 천주교를 우리 지역에 많은 절의 건축물 특징 살리기
- 가우디가 많이 활용한 곡선을 재구성하여 표현하기
3. 선택한 아이디어를 적용해 우리 지역 랜드마크 그림으로 표현하기

 | | |
| 활동 3 | 우리 지역 랜드마크를 창의적으로 표현할 수 있는가? | | 관점 | 가우디 건축물의 특징을 적용하여 우리 지역 랜드마크를 시각적으로 표현했는가 |

| 활동 3 | 우리 지역 랜드마크를 창의적으로 표현할 수 있는가? | **[에듀 북메이킹]** 랜드마크 리디자인북 마무리하기
- 지식정보 역량 에듀 북메이킹 마무리하기
- 지식정보 역량 에듀 북메이킹 활동 느낀 점 발표하기

 | 관점 | 가우디 건축물의 특징을 적용하여 우리 지역 랜드마크를 시각적으로 표현했는가 |
| | | | 방법 | 상호평가(√)
교사평가(√) |

(홍길동)활동의 교사평가 루브릭			
평가 요소	평가 기준		
	상	중	하
정보 탐색과 매체 활용	매체를 활용해 랜드마크를 감상하고 자신의 경험적 지식과 탐색한 지식으로 랜드마크의 의미를 이해하고 여러 랜드마크간의 차이점을 비교해 이야기할 수 있다.	매체를 활용해 랜드마크를 감상하고 자신의 경험적 지식과 탐색한 지식으로 랜드마크의 의미를 이해하고 랜드마크에 대해 이야기할 수 있다.	매체를 활용해 랜드마크를 감상하고 자신의 경험적 지식과 탐색한 지식으로 랜드마크가 무엇인지를 알 수 있다.
문제 인식	책을 읽고 가우디가 일생 중 지식을 습득하고 활용한 방법을 마인드맵으로 정리하고 그 지식들이 어떻게 건축물에 반영되고 드러났는지를 PMI로 한 눈에 파악할 수 있도록 정리할 수 있다.	책을 읽고 가우디가 일생 중 지식을 습득하고 활용한 방법을 마인드맵으로 정리하고 그 지식들이 어떻게 건축물에 반영되었는지를 PMI로 간단하게 정리할 수 있다.	책을 읽고 가우디가 일생 중 어떻게 지식을 습득하고 활용하였는지를 마인드맵으로 정리하고 가우디 건축물을 살펴볼 수 있다.

(홍길동)활동 상호평가 루브릭(팀 단위 5점 평가)							

평가 요소	평가문항	팀명 또는 개인					
		1 모둠	2 모둠	3 모둠	4 모둠	5 모둠	6 모둠
지식 정보 처리 능력	매체를 활용하여 가우디의 일생과 작품에 대한 정보를 수집, 분석, 활용하여 랜드마크의 의미 찾기	5 ☐ 4 ☐ 3 ☐ 2 ☐ 1 ☐	5 ☐ 4 ☐ 3 ☐ 2 ☐ 1 ☐	5 ☐ 4 ☐ 3 ☐ 2 ☐ 1 ☐	5 ☐ 4 ☐ 3 ☐ 2 ☐ 1 ☐	5 ☐ 4 ☐ 3 ☐ 2 ☐ 1 ☐	5 ☐ 4 ☐ 3 ☐ 2 ☐ 1 ☐
창의적 사고 역량	자신의 경험과 매체를 활용한 지식을 바탕으로 우리 지역의 특징을 살린 창의적 랜드마크 리디자인	5 ☐ 4 ☐ 3 ☐ 2 ☐ 1 ☐	5 ☐ 4 ☐ 3 ☐ 2 ☐ 1 ☐	5 ☐ 4 ☐ 3 ☐ 2 ☐ 1 ☐	5 ☐ 4 ☐ 3 ☐ 2 ☐ 1 ☐	5 ☐ 4 ☐ 3 ☐ 2 ☐ 1 ☐	5 ☐ 4 ☐ 3 ☐ 2 ☐ 1 ☐
합계		점	점	점	점	점	점

115

생활기록부 기재용 활동 과정 진술	
구분	**활동 과정 진술 (활동/배움/성장)**
우수 사례 ①	랜드마크에 대한 자신의 경험적 지식과 탐색한 정보로 랜드마크의 의미를 이해하고 가우디에 대한 다양한 매체(그림책과 인터넷 검색 등)를 통해 가우디의 일생과 작품을 감상하여 수집한 정보를 마인드맵으로 한 눈에 파악할 수 있도록 정리하였다. 가우디의 건축물에 반영된 지식과 특징을 PMI로 정리하여 세계적인 랜드마크가 된 가우디의 건축물을 이해하였다. 가우디의 사례처럼 내가 사는 지역의 특색있는 건축물을 검색하고 랜드마크가 되기 위한 필요조건에 대하여 논의하고 새로운 랜드마크를 창의적으로 리디자인하였다. 위의 활동을 통하여 지식정보처리 역량과 창의적 사고 역량이 탁월하게 성장하였다.
일반 사례 ②	랜드마크에 대한 자신의 경험적 지식과 탐색한 정보로 랜드마크의 의미를 이해하고 가우디에 대한 다양한 매체(그림책과 인터넷 검색 등)를 통해 가우디의 일생과 작품을 감상하여 정보를 수집하였다. 가우디의 건축물에 반영된 특징을 알고 세계적인 랜드마크가 된 가우디의 건축물을 이해하였다. 가우디의 사례처럼 내가 사는 지역의 특색있는 건축물을 검색하고 랜드마크가 되기 위한 조건들을 알고 새로운 랜드마크를 리디자인 활동에 참여하였다. 위의 활동을 통하여 지식정보처리 역량과 창의적 사고 역량이 성장하였다.

지식정보처리 역량

요약:

지식정보처리 역량은 학습자가 정보의 홍수 속에서 필요한 정보를 수집, 선별하여 활용하는 능력이다.

가우디와 관련된 매체를 선정하여 그가 자신의 작품에 지식과 정보를 어떻게 학습하고 적용했는지를 이해함으로서 나만의 랜드마크 리디자인에 활용하는 것에 중점을 두었다.

용어정리:

▶ 랜드마크; 어떤 지역을 식별하는 데 목표물로서 적당한 사물(事物)로, 주위의 경관 중에서 두드러지게 눈에 띄기 쉬운 것이라야 하는데, N서울타워나 역사성이 있는 서울 숭례문 등이 해당된다. 표지물이라고도 한다. 주위의 경관 중에서 두드러지게 눈에 띄기 쉬운 특이성이 있는 것이라야 한다.

[네이버 지식백과] 랜드마크 [land mark] (두산백과)

▶ PMI; PMI 기법은 여러 가지 아이디어를 평가하여 하나를 골라내는 방법으로, 각각의 아이디어에서 좋은 점[Plus], 나쁜 점[Minus], 흥미로운 점[Interest]을 찾아 가장 알맞은 아이디어를 선택한다.

『토의토론수업방법84』(교육과학사, 2017) p.340

함께 보면 좋아요

『마루랑 온돌이랑 신기한 한옥이야기』(해와 나무, 2007)

『Why? People 안토니오 가우디』(예림당, 2013)

『어린이가 꼭 알아야 할 세계의 건축물』(시공주니어, 2009)

 tip: **이런 활동도 가능해요~!!**

▶ 한옥의 특징을 알아보고 가우디의 건축물과 비교하여 공통
점과 차이점을 찾기

▶ 우리나라의 시대별 대표적인 건축가와 건축물 알아보기
- 신라시대 : 김대성(불국사)
- 현대 : 김진애, 김수근, 승효상

MEMO

MEMO

쑥쑥! 심미적 감성 역량

저는 예술을 사랑하고 감성이
남다른 쑥쑥이에요. 저와 함께
심미적 감성 역량을 쑥쑥
키워볼까요?

아름다움

토의하기
문장카드　　향유　　　정서적 안정감　　과정평가
발견　　개방적 태도　　　　　예술적 감수성
거미줄
다원적 가치 존중　　빙고놀이
2015개정 교육과정　　삶의 의미와
정의 내리기　　　　　　　　　　가치　　선 그림 디자인

심미적 감성 역량

학습자중심
공감능력　문화적 감수성
내면화된 아름다움　이해와 존중　에듀북메이킹
핵심역량　상상력
감상하기

심미적 감성 역량 워드 클라우드는　2015 개정 교육과정에서 제시하는 중요 키워드인 '문화적 감수성, 다원적 가치 존중, 공감능력, 정서적 안정감, 상상력'을 시각화하여 한눈에 알아볼 수 있도록 했다. 또한 『누구나 따라하면 키워지는 핵심역량 교수법』이 제시하는 수업의 목표인 '학습자중심, 과정평가, 개방적 태도'도 파악할 수 있다. 활동 과정의 키워드는 '연상 단어 빙고놀이, 문장카드, 내면화된 아름다움, 선 그림 디자인하기, 에듀북메이킹'으로 이해할 수 있다.

1. 수업 설계 배경

중세시대의 예술은 제한된 누군가를 위해 존재했다.

과거 왕실이나 귀족들을 위하여 만든 작품들이 현재 우리가 접하는 예술의 상당 부분을 차지하고 있다.

그러나 현재 우리가 살고 있는 세계는 예술이 다양한 대중문화와 융합하여 발전하고 있다. 거리에서 만나는 공공건물이나 작은 표지판에서도 예술적인 감성을 이제는 쉽게 찾아 볼 수 있다. 예술은 우리의 일상 깊이 스며들어 존재하고 있다 해도 과언이 아니다. 단적인 예로 대중들은 일부러 시간을 내서 미술관을 찾고 정부나 지자체에서도 소외계층을 비롯한 많은 사람들이 예술을 통해 삶의 질을 높일 수 있도록 지원하고 있다.

그럼에도 예술은 여전히 우리의 기대와는 다르게 어렵게만 느껴진다. 유명한 작가의 전시회를 찾아갔을 때 우리는 작품의 의미를 이해하지 못해 곤혹스러울 때가 있다. 간단한 그림으로 자신의 생각을 표현할 때, 집안의 인테리어를 바꾸고자 할 때, 많은 사람들이 무력감을 느끼기도 한다. 자연스럽게 자신의 예술적 감성을 탓하거나 예술작품을 이해하는 능력이 부족하다며 예술은 어렵다는 생각을 하게 된다.

그런 점에서 예술교육은 매우 중요하다. 예술은 학습자가 자신과 사회를 이해하고 성찰하게 함으로써 학습의 의욕을 증진시키는 역할을 하기 때문이다. 또 시각적 예술의 경험은 우리의 지성 함양에 중요한 역할을 수행한다.

교육현장에서도 예술가와 학생을 연결하는 문화예술지원사업을 실시하여 학습자들에게 다양한 예술 경험을 지원하고 있다.

문제해결력 측면에서도 예술교육은 큰 역할을 한다. 예술은 주로 우뇌를 사용하여 문제를 해결한다. 우뇌는 감정표현·문맥 이해하기·공간 감각·예술적 감각·큰 그림 그리기·창의성 등을 담당하며, 특히 미래 인재에게 요구되는 창의성과 직접적으로 연결되는 부분이다. 그러므로 학습자가 문제를 해결하는데 있어 예술 교육은 꼭 필요하다.

학습자는 예술의 중요성을 이해하는가?
학습자는 문제해결을 위해 예술적 감성을 활용하는가?
학습자는 예술 감성이 자아실현에 미치는 영향을 인지하고 있는가?
학습자는 자신과 세계를 표현하는데 예술을 어떻게 활용하고 있을까?

이와 같은 고민을 하는 교수자들과 공유하고자 '쑥쑥! 심미적 감성 역량'을 소개한다. 2015 개정 교육과정에서의 핵심역량 중 '심미적 감성 역량'을 키우기 위한 방향성을 제시하는 수업모델이다.

2. 수업 설계 목표

'쑥쑥! 심미적 감성 역량'은 『세상에서 가장 아름다운 거미줄』(어슐리 K. 르 귄/미래사, 2004)그림책을 읽고 분석하여 아름다움의 가치를 인식하고 나만의 선 그림 디자인으로 내면화하는 것을 학습목표로 설정하였다.

수업 설계는 학습자가 다양한 미디어(그림책, 영상)를 사용하여 관련 지식과 정보를 탐색하고 활용하여 아름다움의 의미를 이해하고, 진정한 아름다움이란 무엇인지를 스스로 탐구하도록 하였다. 이후 내면화된 아름다움을 바탕으로 자신만의 선 그림을 생활용품 디자인에 적용하도록 지도한다.

이 때 교수자는 교과목별로 제시된 관련 성취기준을 자신의 수업 목표에 알맞게 선택하여 사용할 수 있다. 예를 들어 국어 수업인 경우 '[9국05-01] 문학은 심미적 체험을 바탕으로 한 다양한 소통 활동임을 알고 문학 활동을 한다.'만 선택할 수도 있고 '[9미02-04] 주제의 특징과 표현 의도에 적합한 조형 요소와 원리를 탐색하여 효과적으로 표현할 수 있다.'를 추가로 선택하여 수업 목표를 정할 수도 있다.

기능요소 중에서는 '디자인하기, 표현하기, 탐구하기와 발표하기'를 우선적으로 선택하였다. 교수자는 자신의 수업 설계 목표에 따라 추가적으로 '통합하기나 감상하기'도 선택할 수 있다.

　핵심질문은 전체 수업과정을 제대로 수행하였는가를 묻는 것으로 심미적 감성 역량에서는 **'다양한 매체를 통한 심미적 체험을 바탕으로 자신만의 아름다움을 디자인할 수 있는가?'** 를 확인하는 것이 중요하다.

3. 수업의 실제

학습자의 심미적 감성 역량을 높이기 위해 전체 활동은 3단계로 구성되어 있다.

활동 1에서 학습자는 자신이 배경지식으로 알고 있는 아름다움이라는 주제에 연상되는 다양한 단어로 빙고놀이 활동을 한다. 자신이 생각하는 아름다움에 관련된 단어를 놀이를 통해 나누면서 아름다움의 개념에 접근할 수 있다. 상황에 따라 시간이 부족할 경우 핵심단어 2개를 제시한 후 진행 가능하다. 예) 석양, 미소 등

〈연상단어 빙고놀이〉

교수자가 제시하는 이미지를 통해 '아름답다'의 의미를 이해한다.

예를 들어 우리가 주변에서 마주치는 사람들의 미소, 계절마다 바뀌는 자연경관, 자신의 일을 묵묵히 하는 삶의 모습, 역경에 맞서는 도전 등의 이미지에 '아름답다'라는 수식어가 어울리는지 이야기할 수 있다. 또 무엇이 느껴지는지도 말할 수 있다. 그리고 자신이 아름답다고 느끼는 대상을 정하여 그 이유를 발표하며 아름다움에 대한 의미를 자신만의 언어로 정의한다.

> "세상에서 가장 아름다운 OOO
>
> 왜냐하면 (   ) 때문이다."

활동 1에서 교수자는 교사평가를 통해 학습자 상호간의 말하기 활동과 개인 발표 활동을 평가한다.

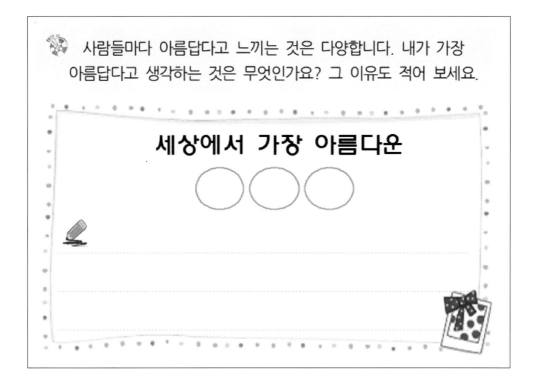

　활동 2에서 학습자는『세상에서 가장 아름다운 거미줄』그림책을 읽고 꼬마 거미 리스가 만든 두 가지의 거미줄을 만나게 된다. 하나는 공주의 방에 있는 양탄자와 그림을 보고 만든 거미줄이고 또 다른 하나는 왕궁에서 쫓겨나 숲 속의 동백나무 가지의 나뭇잎에 만든 거미줄이다.

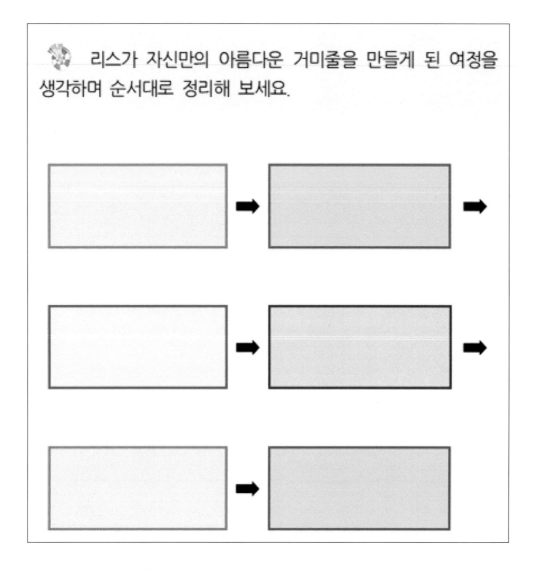

　이 때 교수자는 리스의 행동을 통해 어떤 거미줄이 세상에서 가장 아름다운 거미줄일지 생각할 수 있도록 발문을 준비한다. 예를 들면 '리스는 왜

가족들과는 다른 거미집을 만들고 싶었을까요? 그래서 리스는 어떻게 했나요?' 라는 발문에 학습자가 대답을 하면서 아름다움의 다양한 의미와 가치를 이해할 수 있다.

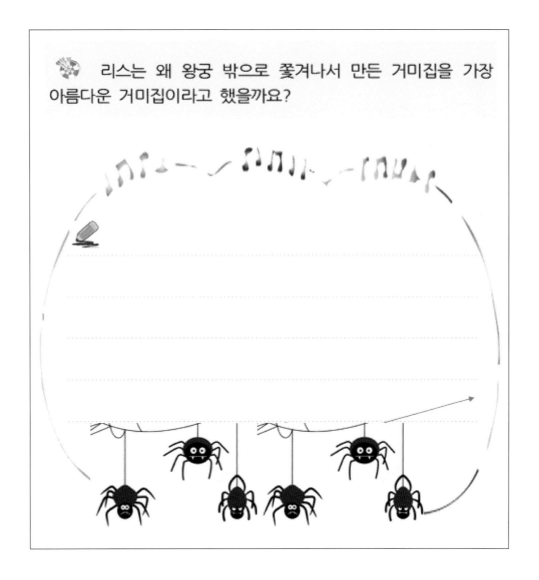

학습자는 교수자가 제시한 자료를 본 후에 아름다움의 종류를 알고 모둠별로 진정한 아름다움은 무엇일지 가치를 매기고 그 까닭을 이야기 나누는 활동을 한다.

학습자가 자신이 생각하는 진정한 아름다움에 대한 가치 판단이 이루어
질 수 있도록 진행한다.

각각의 아름다움의 장, 단점을 토의를 통해 인지하고 우선순위를 매기는
과정에서 아름다움에 대한 내면화가 가능하다.

활동 3은 내면화와 마무리 표현활동이다.

학습자는 이슬이 맺힌 아름다운 거미줄 사진, 스테인드글라스, 유리천장
등의 선 그림 이미지를 감상하고 자신만의 아름다움이 표현되도록 선 그림
디자인을 완성한다. 교수자는 앞선 활동을 통해 내면화된 아름다움을 표현
하도록 요구하며 다양한 이미지를 제시하고 설명한다.

완성된 선 그림을 다양한 생활용품 이미지(모자, 티셔츠, 컵, 쇼핑백, 노트 등)에 적용하여 창의적으로 디자인한다. 자신이 디자인한 생활용품 이미지의 특징은 무엇인지 발표한다.

에듀 북메이킹(스탠드 이젤북) 마무리 활동으로 꾸미기와 편집 활동을 한다. 스탠드이젤북의 형태를 마무리하고 표지에 제목을 넣어 완성한다.

앞표지에는 선 그림 디자인 색칠 작업과 생활용품 이미지에 적용된 그림으로 마무리한다.

마지막 평가는 상호평가와 교사평가를 동시에 진행한다.
상호평가는 다양한 선 그림 이미지를 적극적으로 활용하여 자신만의 독창적이며 내면화된 아름다움을 작품에 표현했는지를 중심으로 학습자 상호 간 평가를 한다.

교사평가는 생활용품 이미지에 그려진 선 그림의 적절성, 학습자의 참여도, 전체 에듀 북메이킹의 완성도를 평가한다.

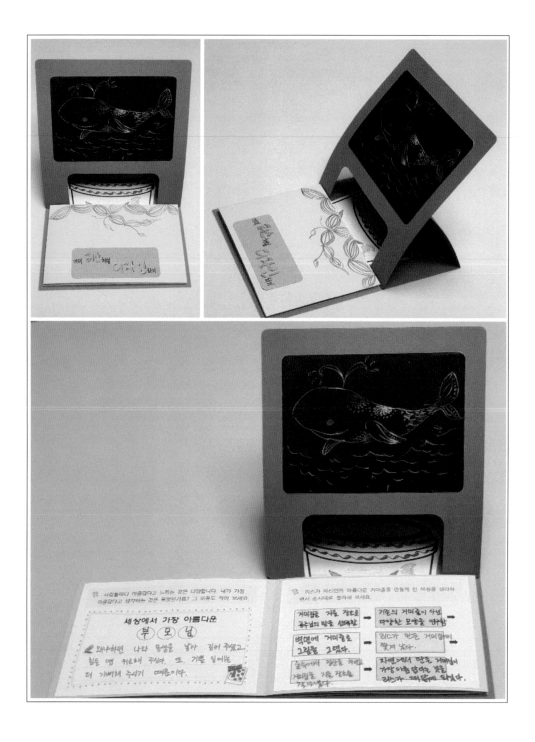

4. 평가

심미적 감성 역량은 아름다움의 의미를 이해하고 자신만의 선 그림을 디자인하는 활동이 매우 중요하다.

교수자는 자신만의 선 그림을 다양한 생활용품 이미지에 적용하여 스탠드이젤북을 완성하는 것이 중요하다는 점을 학습자에게 사전에 전달하여야 하고, 비중을 두어 평가해야 한다.

평가는 모두 세 가지로 교사평가와 상호평가, 생활기록부 기재용 진술문을 예시 자료로 첨부하였다.

교사평가 루브릭은 세 단계 평가로 실시할 수 있으며 상호평가 루브릭은 학생들 상호간에 실시한다. 생활기록부 기재용 진술문은 과정평가로 세 단계 예시를 제시하였다.

	교육과정 · 수업 · 평가 · 기록의 일체화를 위한 활동지도안 mem: media edu makers	

팀 활동	개인 활동
(팀) 팀원:	( )학교 ( )반 ( )번 이름 :

활동명	**쑥쑥! 심미적 감성 에듀 북메이킹** 디자인, 아티스트로 거듭나기
관련 성취 기준	※ 교사가 진행하고자 하는 활동 중심으로 다음 성취 기준 중 선별하여 사용할 수 있다. ☐ [9국01-06] 청중의 관심과 요구를 고려하여 말한다. ☐ [9미01-01] 자신과 주변 대상, 환경, 현상의 관계를 탐색하여 나타낼 수 있다. ☐ [9미01-02] 시각 문화 속에서 이미지의 다양한 전달 방식을 이해하고 활용할 수 있다. ☑ [9미01-03] 미술과 다양한 분야가 서로 영향을 준 사례를 찾을 수 있다. ☑ [9미01-04] 미술과 다양한 분야의 융합 방안을 모색할 수 있다. ☑ [9미02-04] 주제의 특징과 표현 의도에 적합한 조형 요소와 원리를 탐색하여 효과적으로 표현할 수 있다. ☑ [9국02-01] 읽기는 글에 나타난 정보와 독자의 배경지식을 활용하여 문제를 해결하는 과정임을 이해하고 글을 읽는다. ☐ [9사(일사)02-02] 문화를 바라보는 여러 가지 태도를 비교하고, 다른 문화들을 이해하기 위한 바람직한 태도를 가진다. ☐ [9미03-04]미술 작품, 관람자, 전시 장소 등의 특징을 고려하여 다양한 방식의 전시를 기획할 수 있다. ☑ [9국05-01]문학은 심미적 체험을 바탕으로 한 다양한 소통 활동임을 알고 문학 활동을 한다.
학습 목표	그림책을 읽고 아름다움의 가치를 인식하고 나만의 선 그림 디자인으로 내면화할 수 있다.
기능 요소	※ 교사가 선택한 관련성취기준에 따라 다음 기능요소는 선택하거나 추가하여 진행할 수 있다. 토의하기(√) 탐구하기(√) 평가하기( ) 감상하기(√) 통합하기(√) 추론하기( ) 분류하기(√) 제안하기( ) 조사하기( ) 디자인하기(√) 표현하기(√) 발표하기(√)
핵심 질문	다양한 매체를 통한 심미적 체험을 바탕으로 자신만의 아름다움을 디자인할 수 있는가?

순서	소재적 핵심질문	학습 경험		평가활동
활동 1	아름다움을 연상시키는 핵심단어로 빙고놀이를 할 수 있는가?	**[빙고놀이]** 연상단어로 빙고놀이 • 개인 활동으로 아름다움이라는 주제에 연상되는 다양한 단어로 4×4 빙고 하기 (예시 단어: 노을, 하늘, 아이돌, 화장품 등) 주제어: 아름다움 4×4 빙고 (빈 4×4 표) • 제시된 이미지를 보고 우리가 보통 '아름답다'라고 말하는 것에는 어떤 의미를 담고 있는지 생각하고 이야기 나누기 　- 예시: 자연경관, 삶, 도전, 미소 등 **[문장 카드]** 아름다움 정의 내리기 • 자신이 가장 아름답다고 느끼는 대상은 무엇인지 생각하고 이유 적기 **"세상에서 가장 아름다운 OOO 왜냐하면 (　　　　　　) 때문이다."**	관점	아름다움의 의미를 자신 만의 언어로 정의했는가

		• 완성된 문장 발표하기		
			관점	아름다움의 의미를 자신만의 언어로 정의했는가
활동 2	책과 이미지, 토의를 통해 아름다움을 내면화할 수 있는가?	**[그림책 읽기]** 그림책을 함께 읽으며 리스의 행동에 대하여 발문하기 ※ 참고:『세상에서 가장 아름다운 거미줄』 • 그림책을 함께 읽으며 리스의 행동에 대하여 발문하기 - 리스는 왜 가족들과는 다른 거미집을 만들고 싶었을까요? 그래서 리스는 어떻게 했나요? - 리스가 자신만의 아름다운 거미줄을 만들게 된 여정을 생각하며 순서대로 정리해 보세요. 🕷 리스가 자신만의 아름다운 거미줄을 만들게 된 여정을 생각하며 순서대로 정리해 보세요. 	관점	아름다움의 다양한 의미와 가치를 알았는가

| 활동 2 | 책과 이미지, 토의를 통해 아름다움을 내면화할 수 있는가? | - 리스는 왜 왕궁 밖으로 쫓겨나서 만든 거미집을 가장 아름다운 거미집이라고 했을까요?

🕷 리스는 왜 왕궁 밖으로 쫓겨나서 만든 거미집을 가장 아름다운 거미집이라고 했을까요?

• 인상 깊었던 장면 발표하기 | 관점 | 아름다움의 다양한 의미와 가치를 알았는가 |
| | | **[토의하기]** 진정한 아름다움에 대해 토의하기
• 아름다움의 종류를 알고 진정한 아름다움은 무엇일지 토의하여 가치 매기기
 - 제시된 자료를 보고 자신이 우선적으로 생각하는 아름다움을 선정하기
 - 토의를 거쳐 모둠(3~4명)이 선정한 진정한 아름다움은 무엇인지 발표하기

진정한 아름다움이란 무엇일까?

 | 방법 | 상호평가(√)
교사평가(√) |

		[감상하기] 선 그림 감상하기 • 다양한 선 그림 작품을 보고 감상하고 이야기하기 - 예시 이미지: 아름다운 거미줄 사진, 스테인드 글라스, 유리천장 사진 등 **[디자인하기]** 나만의 선 그림 그리기 • 위의 예시 이미지를 토대로 자신의 아름다운 선 그림 완성하기	관점	생활용품 이미지에 자신만의 선 그림을 넣어 디자인했는가
활동 3	내면화된 아름다움을 자신만의 작품에 표현했는가?	• 완성된 선 그림을 다양한 생활용품 이미지(모자, 티셔츠, 컵, 쇼핑백, 노트 등)에 적용하여 만들기 • 발표하기 **[에듀 북메이킹]** 스탠드이젤북 마무리하기 • 스탠드이젤북 형태와 표지 완성하기 • 스탠드이젤북을 전시하고 느낀 점 발표하기 		
			방법	상호평가(√) 교사평가(√)

(홍길동) 활동의 교사평가 루브릭			
평가 요소	평가 기준		
	상	중	하
매체 활용과 감상	아름다움을 주제로 하는 빙고 게임 활동에 풍부한 어휘를 연상하여 빙고판을 작성하여 놀이를 할 수 있다. 다양한 이미지 자료를 감상한 후 아름다움의 의미에 대해 자신만의 문장을 완벽하게 완성할 수 있다. 그림책을 읽은 후에 내용을 흐름대로 잘 파악하여 진정한 아름다움에 대해 토의하고 자신있게 발표할 수 있다.	아름다움을 주제로 하는 빙고 게임 활동에 어휘를 연상하여 빙고판을 작성하여 놀이를 할 수 있다. 다양한 이미지 자료를 감상한 후 아름다움의 의미에 대해 문장을 완성할 수 있다. 그림책을 읽은 후에 내용을 파악하여 진정한 아름다움에 대해 토의에 참여하였다.	아름다움을 주제로 하는 빙고 게임 활동에 참여할 수 있다. 다양한 이미지 자료를 감상한 후 아름다움의 의미에 대해 간단한 문장을 쓸 수 있다. 그림책을 읽은 후에 진정한 아름다움에 대해 이야기를 나누었다.
디자인 하기	거미줄을 응용한 예술작품들을 감상한 후에 아이디어를 얻고, 자신이 생각하는 우선적 아름다움의 가치를 내면화하여 아름다운 선 그림을 그릴 수 있다. 여러 종류의 생활용품 형태에 자신만의 선그림을 응용하여 독창적으로 디자인하고 스탠드이젤북을 완성할 수 있다.	거미줄을 응용한 예술작품들을 감상한 후에 모방하여 아름다운 선 그림을 그릴 수 있다. 여러 종류의 생활용품 형태에 자신만의 선그림을 응용하여 디자인하고 스탠드이젤북을 완성할 수 있다.	거미줄을 응용한 예술작품들을 보고 모방하여 아름다운 선 그림을 그릴 수 있다. 여러 종류의 생활용품 형태에 선그림을 응용하여 디자인하고 스탠드이젤북을 만들 수 있다.

평가 요소	평가문항	팀명 또는 개인					
		1 모둠	2 모둠	3 모둠	4 모둠	5 모둠	6 모둠
심미적 감성 역량	책과 영상매체속의 작품 감상을 통해 아름다움의 가치 알기	5 ☐	5 ☐	5 ☐	5 ☐	5 ☐	5 ☐
		4 ☐	4 ☐	4 ☐	4 ☐	4 ☐	4 ☐
		3 ☐	3 ☐	3 ☐	3 ☐	3 ☐	3 ☐
		2 ☐	2 ☐	2 ☐	2 ☐	2 ☐	2 ☐
		1 ☐	1 ☐	1 ☐	1 ☐	1 ☐	1 ☐
창의적 사고 역량	아름다움의 의미를 내면화하여 창의 적인 생활용품 디자인하기	5 ☐	5 ☐	5 ☐	5 ☐	5 ☐	5 ☐
		4 ☐	4 ☐	4 ☐	4 ☐	4 ☐	4 ☐
		3 ☐	3 ☐	3 ☐	3 ☐	3 ☐	3 ☐
		2 ☐	2 ☐	2 ☐	2 ☐	2 ☐	2 ☐
		1 ☐	1 ☐	1 ☐	1 ☐	1 ☐	1 ☐
합계		점	점	점	점	점	점

생활기록부 기재용 활동 과정 진술	

구분	활동 과정 진술 (활동/배움/성장)
우수 사례 ①	아름다움을 주제로 하는 빙고 게임 활동에서 풍부한 어휘를 연상하여 빙고판을 작성하고 적극적으로 참여하였다. 다양한 이미지 자료를 감상한 후 아름다움의 의미에 대해 자신만의 문장으로 완성하였다. 그림책을 읽은 후에 주인공의 여정대로 내용을 잘 파악하여 진정한 아름다움에 대해 진지하게 토의하고 발표하였다. 거미줄을 응용한 예술작품들을 감상한 후에 아이디어를 얻고, 자신이 생각하는 아름다움의 가치를 내면화하여 아름다운 선 그림으로 표현하였다. 여러 종류의 생활용품 형태에 자신만의 선그림을 응용하여 독창적으로 디자인하고 스탠드이젤북을 완성하였다. 이를 통하여 심미적 감성 역량과 창의적 사고 역량이 크게 성장하였다.
일반 사례 ②	아름다움을 주제로 하는 빙고 게임 활동에 어휘를 연상하여 참여하였다. 다양한 이미지 자료를 보고 아름다움의 의미에 대해 문장으로 작성했다. 그림책을 읽은 후에 내용을 알고 진정한 아름다움에 대해 이야기하고 발표하였다. 거미줄을 응용한 예술작품들을 감상한 후에 아이디어를 얻어 아름다운 선 그림으로 표현하였다. 여러 종류의 생활용품 형태에 선그림을 디자인하고 스탠드이젤북을 완성하였다. 이를 통하여 심미적 감성 역량과 창의적 사고 역량이 성장하였다.

심미적 감성 역량

 요약:

심미적 감성 역량은 학습자가 인간에 대한 공감적 이해와 문화적 감수성을 바탕으로 삶의 의미와 가치를 발견하고 향유하는 역량이다.

그림책을 읽고 분석하여 아름다움의 가치를 인식하고 나만의 선 그림 디자인으로 내면화하는 것에 중점을 두었다.

 함께 보면 좋아요

『리디아의 정원』(시공주니어, 2017)

『다니엘이 시를 만난 날』(비룡소, 2018)

『앤서니 브라운의 행복한 미술관』(웅진주니어, 2004)

『나와 오페라 극장』(미래아이(미래 M&B), 2003)

『고흐, 마음을 담은 그림 편지』(다림, 2014)

『아트를 봤나요?』(밝은 미래, 2017)

 tip: 이런 활동도 가능해요~!!

▶ '나도 큐레이터' - 그림이나 음악을 선정하여 설명하는 영상을 찍어 유튜브에 올리기 (저작권에 유의하세요)

▶ '길 따라 예술 따라' - 예술가의 거리를 찾아 감상하기
예) 인사동, 혜화동 문화거리, 제주도 이중섭거리 탐방

▶ 시쓰기 - 자연이나 일상에서 아름다움을 표현해 보는 시쓰기

MEMO

MEMO

뚝딱! 창의적 사고 역량

전 똑같은 것보다 독특하고 새로운
것을 만들기 좋아하는 뚝딱이에요.
저와 함께 **창의적 사고 역량**을
키워 볼까요?

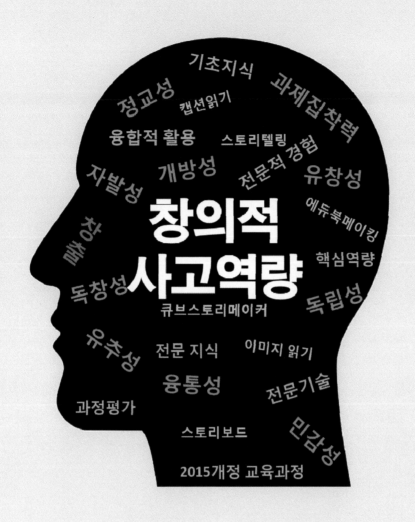

창의적
사고역량
큐브스토리메이커

창의적 사고 역량 워드 클라우드는 2015 개정 교육과정에서 제시하는 중요 키워드인 '민감성, 독창성, 유추성, 융통성, 자발성, 개발성, 정교성, 과제집착력'을 시각화하여 한 눈에 알아볼 수 있도록 했다. 또한 『누구나 따라하면 키워지는 핵심역량 교수법』이 제시하는 수업의 목표인 '학습자 중심, 과정평가'도 파악할 수 있다. 활동 과정의 키워드는 '이미지 읽기, 캡션읽기, 스토리보드, 큐브 스토리 메이커, 스토리텔링, 에듀 북메이킹'으로 이해할 수 있다.

1. 수업 설계 배경

"Think difference · 비판적 사고 · 역지사지(易地思之)"

'다르게 생각하고 비판적으로 생각하고 입장 바꿔 생각하라'
교수자라면 누구나 수업에서 사용한 적이 있는 말이다.

이 말의 공통점은 창의적 사고이다.
학습자는 자신이 명확한 형태나 개념으로 인식하고 있는 것에 대해서는 정확한 사고를 할 수 있지만, 새롭거나 알지 못하는 것에 대해서는 여러 가지의 것들이 뒤죽박죽 섞여 있는 다양한 형태로 인식을 하게 된다.

학습 과정의 이러한 혼란은 문제해결에 부정적으로 작용한다.
학습은 정해진 교과과정에 따라 학습 목표와 활동방법 등을 수행해야 하고 시간적인 제약도 많다. 교수자는 설계되어 있는 도구들과 시간, 계획적인 목표와 방법을 통해 학습자와 만난다. 학습자는 매번 학습목표에 따라 주어진 과제를 해결해야 하므로 부담도 느끼고 흥미도 떨어지는 문제가 있다.

학습뿐만이 아니라 생활에서도 해결해야 할 상황은 많다.
다양한 문제를 상황에 맞게 인식하고 해결하는 과정은 하나의 방법만이 있는 것이 아니다. 때문에 교수자는 다양한 기법을 제시하여 수업을 이끌어 가야한다.

학습자는 제시된 문제를 어떻게 인식하고 있을까?
학습자는 적용할 지식을 떠올릴 수 있는가?
학습자는 문제해결의 방법을 알고 있는가?
학습자는 남과 다른 새로운 방법을 떠올릴 수 있는가?

인간의 사고방식은 다양하다.

한 가지 그림을 보고도 다른 생각이나 느낌을 떠올리기도 하고, 두 가지 그림이 섞여 있는 이미지를 볼 때에도 모두가 같은 생각을 하는 경우는 매우 드물다. 예를 들어 '장님이 코끼리 만지기' 이야기에는 각자 코끼리의 다른 부위를 만지고 온 장님들은 각기 다른 이야기를 한다. 이처럼 같은 이야기나 사건을 보고도 서로 다른 느낌을 가지기도 하며, 같은 상황에서 서로 다른 견해를 보이기도 한다.

교육현장에서는 어떠한가?

대다수의 교수자나 학습자들은 교육이 획일적이라는데 공감할 것이다.

교육의 획일성을 어떻게 해결할까 고민을 하는 교수자들과 공유하고자 '뚝딱! 창의적 사고 역량'을 소개한다. 2015 개정 교육과정에서의 핵심역량 중 '창의적 사고 역량'을 키우기 위한 방향성을 제시하는 수업모델이다.

2. 수업 설계 목표

　'뚝딱! 창의적 사고 역량'의 학습자는 전체 수업 과정을 통해 자연스럽게 스토리텔러의 경험을 할 수 있다.

　그림책 『공원을 헤엄치는 붉은 물고기』(곤살로 모우레 글·알리시아 바렐라 그림/북극곰, 2016)를 통해 그림과 이미지 읽기 활동, 큐브 스토리 메이커 –탄탄한 스토리텔링을 위한 주사위 형태의 교구-를 활용한 창의적 스토리텔링을 학습목표로 설정하였다.

　학습자가 그림만으로 전체 이해를 할 수 있도록 글이 적거나 없는 그림책을 선정하였다. 글이 없는 그림책을 읽으며 등장인물들의 이야기를 상상하고 스토리텔링 기법과 큐브 스토리 메이커를 활용하여 이야기를 창의적으로 만들도록 하였다.

　가장 중요한 기능요소는 그림책의 그림과 이미지, 영상 등에서 '이미지 읽기' 와 '구조화하기'이다. 여러 이미지를 집중하여 보고 어떠한 내용인지 상상할 수 있어야 본 활동에서 그림 위주의 책을 읽은 후 스토리텔링이 쉬워지기 때문이다. 숨은 그림찾기로 그림을 자세히 보고, 이미지 카드로 상상하여 말풍선을 넣어보며, 신문의 사진뉴스와 설명글을 비교해보면서 이미지와 텍스트의 차이점을 인식한다. 영상을 보고 큐브 스토리 메이커로 전체적인 이야기의 흐름을 이해하고 나만의 이야기로 플롯을 구조화하는 작업을 한다. 그 밖에 기능요소로 매체를 활용하여 상상하기, 창조하기 활동을 진행한다.

전체 활동의 핵심 질문은 창의적 사고 역량을 신장시키기 위한 활동을 성공적으로 수행하였는가를 확인하는 것으로 **'이미지를 읽고 상상하여 독창적 스토리텔링을 할 수 있는가?'**를 확인해야 한다.

3. 수업의 실제

창의적 사고 역량 수업은 도입부가 매우 중요하다.

교수자는 학습자가 처음 활동에서 자연스럽게 '유추하기' 등을 할 수 있도록 흥미를 돋을 수 있는 이미지를 준비하는 것이 좋다.

활동 1에서 '숨은그림찾기'나 '한 장의 이미지에서 두 가지 그림 읽기' 활동을 한다. 모둠활동으로 이미지를 자세하게 보고 숨겨진 그림을 찾아 발표하는 활동을 통해 학습자는 그림을 자세하게 보는 연습을 하게 된다.

모둠에서 솔라리움 카드나 비주얼씽킹 카드 등 이미지 카드를 읽는 활동을 한다. 각자 2장의 카드를 선택하여 카드 내용을 이야기로 상상하여 쓰고 모둠에서 발표한다.

교수자는 신문의 사진 기사를 준비한다. 사진의 캡션(사진 설명글)이 있는 기사를 선택하되 학습자에게 제시할 때는 캡션은 가리는 것이 좋다. 학습자의 관심이 높은 기사를 선택하면 수업의 참여도를 높일 수 있다. 학습자는 교수자가 제시한 사진 기사를 자세하게 살펴 기자가 전달하고자 하는 내용(메시지)이 무엇인지를 깊이 생각하여 발표한다. 발표 후에 교수자는 캡션을 공개하여 학습자가 유추한 내용과 비교할 수 있도록 한다.

학습자는 글이 있는 책과 그림만 있는 책을 읽었을 때의 차이점에 대해 모둠에서 이야기를 나눈다. 학습자들은 이미지만 있는 그림책의 장점을 알고 어떤 점에 유의하면서 읽어야 하는지를 이해한다.

교수자는 학습자가 이미지(그림)의 내용을 상상하여 이야기를 구성하였는지를 평가한다.

활동 2에서는 그림책보다 영상을 먼저 읽는다.

교수자는 영상을 보기 전에 책의 구성을 학습자에게 미리 설명한다.

『공원을 헤엄치는 붉은 물고기』 그림책은 공원이라는 같은 공간에서 여러 인물들을 중심으로 벌어지는 7가지의 이야기를 순차적으로 12면의 그림으로 보여준다.

그림책 관련 영상은 7가지 이야기 중 하나의 이야기를 선택하여 진행한다. 이야기의 화면 배경은 흑백으로 처리하고 중심인물 2명은 색을 넣어 인물에게 집중할 수 있도록 연출한다. 학습자에게 영상은 그림책의 이야기를 바탕으로 새로운 스토리를 만들 수 있는 예라는 것을 알려준다.

그림책을 읽으며 관심을 갖게 되는 중심인물을 선택하여 그 인물의 동선을 따라가며 집중하여 읽도록 한다.

학습자는 각자 읽고 상상한 내용을 정리하여 스토리보드를 작성한다.

교수자는 스토리텔링의 의미를 설명하여 학습자가 스토리보드 작성하는 과정에 도움을 주어야 한다.

〈4단계 - 스토리보드〉

단계	내용
1	
2	
3	
4	

학습자는 나머지 6가지 이야기 중 하나를 골라 각 페이지별 이야기를 구성한다. 이때 교수자는 학습자의 수준과 수업 시간 등을 고려하여 단계를 조절할 수 있다. 모둠원은 돌아가면서 이야기의 줄거리를 말하고 내용을 모둠원끼리 내용을 보완한 후 각자 활동지에 정리할 수 있다.

〈스토리보드 줄줄이 말해요〉

스토리보드 '줄줄이 말해요'	학교 학년 반 이름:

교수자는 교수평가로 학습자가 미디어(그림책과 영상)를 통해 반복하여 읽은 그림을 바탕으로 상상하여 구성한 이야기를 스토리보드로 작성하였는지를 평가한다. 학습자 간 상호평가도 진행한다.

활동 3에서는 스토리텔링과 큐브 스토리 메이커를 이용하여 **'나는야 스토리텔러'** 표현 활동을 진행한다.

학습자는 모둠활동으로 주사위 형태의 큐브 스토리 메이커를 제작한다. 활동지에 네 단계의 필요한 요소를 적는다.

첫째 '누가'에 해당하는 그림책의 주인공 여섯 명을 정하여 적는다.
둘째 '언제'에 해당하는 시간을 여섯 가지로 정하여 적는다.
셋째 '어디'에 해당하는 장소를 여섯 가지로 정하여 적는다.
넷째 '무엇을'에 해당하는 소품(물건)을 여섯 가지로 정하여 적는다.

교수자는 학습자들의 선택을 가급적 제한하지 않고 최대한 존중하여 창의적 사고에 도움을 주는 것이 좋다.

〈큐브 스토리 메이커 활동지 1〉

큐브 스토리 메이커	학교 학년 반 이름:
큐브 단어	
큐브 단어	
큐브 단어	

큐브 스토리 메이커 활동지에 작성을 내용을 큐브 스토리 메이커에 적어 조립한다.

평균 4개의 큐브 스토리 메이커로 활동을 권장하나 교수자는 활동 환경에 따라 개수 조절이 가능하다.

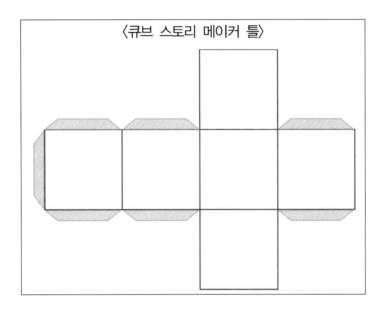

〈큐브 스토리 메이커 틀〉

제작한 큐브 스토리 메이커를 던져서 스토리텔링 작업을 진행한다.

예를 들어 장소 큐브를 던져서 나온 장소가 공간적 배경이 되며, 시간 큐브를 던져서 나온 시간이 시간적 배경이 된다. 이렇게 설정된 배경으로 모둠원 각자의 이야기를 8면책 활동지에 만든다.

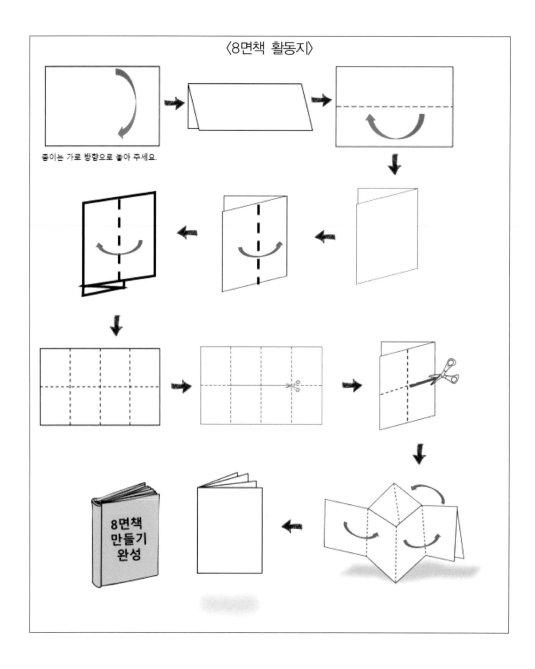

에듀 북메이킹 마무리 활동으로 큐브 스토리텔링북 꾸미기와 편집활동을
한 후 느낀 점을 발표한다.

마지막 평가는 상호평가와 교사평가를 동시에 진행한다.

교수자는 학습자가 큐브 스토리 메이커와 스토리텔링 기법을 표현활동에 적용하여 창의적으로 이야기를 만들었는가를 평가한다.

학습자는 모둠활동에서 창의적인 아이디어 제안하기와 참여도를 상호평가한다.

4. 평가

창의적 사고 역량은 이미지 읽기 활동이 매우 중요하다.

교수자는 숨은그림찾기, 카드 그림 상상하기, 기사의 사진 읽기 활동이 매우 중요하다는 점을 학습자에게 전달하여야 하고, 비중을 두어 평가해야 한다.

평가는 모두 세 가지로 교사평가와 상호평가, 생활기록부 기재용 진술문을 예시 자료로 첨부하였다.

교사평가 루브릭은 세 단계 평가로 실시할 수 있으며 상호평가 루브릭은 학생들 상호간에 실시한다. 생활기록부 기재용 진술문은 과정평가로 세 단계 예시를 제시하였다.

교육과정 · 수업 · 평가 · 기록의 일체화를 위한 활동지도안 mem: media edu makers		

팀 활동	개인 활동
(팀) 팀원:	( )학교 ( )반 ( )번 이름 :

활동명	**뚝딱! 창의적 사고 에듀 북메이킹** 나는야 스토리텔러
관련 성취 기준	※ 교사가 진행하고자 하는 활동 중심으로 다음 성취 기준 중 선별하여 사용할 수 있다. ☐ [9국01-08] 핵심 정보가 잘 드러나도록 내용을 구성하여 발표한다. ☑ [9국03-05] 자신의 삶과 경험을 바탕으로 하여 독자에게 감동이나 즐거움을 주는 글을 쓴다. ☑ [9국03-07] 생각이나 느낌, 경험을 드러내는 다양한 표현을 활용하여 글을 쓴다 ☑ [9미01-02] 시각 문화 속에서 이미지의 다양한 전달 방식을 이해하고 활용할 수 있다. ☐ [9국05-08] 재구성된 작품을 원작과 비교하고, 변화 양상을 파악하며 감상한다. ☐ [9국05-01] 문학은 심미적 체험을 바탕으로 한 다양한 소통 활동임을 알고 문학 활동을 한다. ☑ [9국05-09] 자신의 가치 있는 경험을 개성적인 발상과 표현으로 형상화한다. ☐ [9미02-02] 주제에 적합한 표현 과정을 계획할 수 있다. ☐ [9도03-02] 보편 규범과 문화 다양성의 관계를 이해하고, 이를 바탕으로 문화적 차이와 다름을 존중하는 등 다양성을 긍정하는 자세를 지닐 수 있다. ☐ [9사(일사)02-02] 문화를 바라보는 여러 가지 태도를 비교하고, 다른 문화들을 이해하기 위한 바람직한 태도를 가진다.
학습 목표	글이 없는 그림책을 읽고 등장인물들의 삶에 대하여 나만의 독창적인 이야기로 창출할 수 있다.
기능 요소	※ 교사가 선택한 관련성취기준에 따라 다음 기능요소는 선택하거나 추가하여 진행할 수 있다. 이미지 읽기(√) 유추하기(√) 구조화하기(√) 매체활용하기 (√) 적용하기 (√) 창조하기(√) 상상하기(√) 대화글쓰기( ) 협업하기(√) 발표하기( ) 표현하기 (√)
핵심 질문	이미지를 읽고 상상하여 독창적 스토리텔링을 할 수 있는가?

순서	소재적 핵심질문	학습 경험	평가활동
활동 1	그림을 집중하여 보고 상상하여 내용을 말할 수 있는가?	**[숨은그림찾기]** 그림을 자세하게 보고 숨겨진 그림을 찾기 - 모둠활동으로 이미지를 자세하게 보고 어떤 그림이 숨겨져 있는지 찾아 발표하기 출처: https://images.search.yahoo.com 출처: <소년한국일보 2017년 11월 26일> **[상상하기]** 이미지 카드로 상상하기 - 책상 위에 솔라리움 카드(8장)을 펼쳐 놓은 후 각자 마음에 드는 카드 2장을 선택하여 상상하여 이야기 쓰고 발표하기 (1인당 2장)	관점 그림의 내용을 상상하여 말풍선을 완성하였는가

| 활동 1 | 그림을 집중하여 보고 싱상하여 내용을 말할 수 있는가? | 솔라리움 카드

교육도구로 활용되고 있는 이미지 카드, 50장으로 구성되어 있으며 글은 없고 이미지에 번호만 적혀있다. 상상하기, 감정표현, 자기소개 등 다양한 활용방법이 있다.

[비교하기] 이미지 읽기와 상상하기
- 사진기사 읽고 상상한 내용과 사진 설명글 비교하기
- 교수자가 제시한 사진 기사(신문)를 보고 어떤 사건인지 추측하여 말한 후에 사진 설명글을 읽고 내가 말한 내용과 비교하여 봅시다.

출처: <소년한국일보 2018년 11월 6일 01면> | 관점 | 그림의 내용을 상상하여 말풍선을 완성하였는가 |

활동 1	그림을 집중하여 보고 상상하여 내용을 말할 수 있는가?	- 글과 그림이 있는 이야기와 그림만 있는 이야기는 어떻게 다른지를 모둠에서 이야기 나누기 <학습자의 예시 답변> - 그림은 말하기가 편해요 - 상상하면 할 말들이 많이 생각나요. - 말풍선을 쓸 때는 글이 있어야 쉬워요. 	방법	상호평가( ) 교사평가(√)
활동 2	같은 공간에서 다양한 사람들의 이야기를 읽고 글을 넣어 완성할 수 있는가?	**[영상읽기]** 줄줄이 말해요 ※ 참고: 영상 읽기 https://www.youtube.com/watch?v=ScQ6NcZtOmQ 『공원을 헤엄치는 붉은 물고기』 - 여러 등장인물 중 중심인물의 연속 그림(영상)으로 된 영상 읽기 - 그림에 집중하며 상상하여 책을 읽고 순서대로 말하기 ※ 교수자는 정해진 수업시간에 따라 활동을 선택하여 진행할 수 있다. **[스토리보드]** 스토리보드 작성하기 - 모둠활동으로 읽고 알게 된 줄거리를 단계별로 정리하여 발표하기	관점	미디어를 통해 반복하여 읽은 그림을 그림책으로 완성했는가

| 활동 2 | 같은 공간에서 다양한 사람들의 이야기를 읽고 글을 넣어 완성할 수 있는가? | **스토리텔링(storytelling)**
교육과정에 활용되는 이야기 만들기 활동. 학습자들의 상상력을 키우는데 도움 된다고 알려져 있다. 최근에는 놀이와 연결하여 진행되는 사례가 늘고 있다.

- 나머지 6가지 이야기 중 하나를 골라 (전체 7가지 이야기는 각각 12개의 면으로 구성) 각 페이지별 이야기 쓰기

<학습자의 예시 답변>
- 공원 한 쪽에 서 있는 남자 아이가 팽이를 보며 뭔가를 골똘히 생각하고 있어요.
- 드디어 줄을 당겨 팽이를 날리기 시작했어요. 등

 | 관점 | 미디어를 통해 반복하여 읽은 그림을 그림책으로 완성했는가 |
| | | | 방법 | 상호평가(√)
교사평가(√) |

활동 3	이야기의 구성요소를 설정하여 스토리텔링 할 수 있는가?	**[큐브 스토리 메이커]** 나도 스토리텔러 - 창의적 내용의 스토리텔링 활동하기 1. 주인공 선택하기 　책의 주인공 6명 이름 적기 2. 시간 선택하기 　과거, 현재, 미래나 구체적인 날짜나 시간 등 자유롭게 선택 3 장소 선택하기 　공원 안, 공원 주변, 공원 밖 등 자유롭게 선택 4. 소재(소품) 선택하기 　책, 운동기구, 플룻 등 자유롭게 선택 **[큐브 스토리텔링]** 큐브 스토리 메이커 제작과 스토리텔링 1. 큐브 스토리 활동지에 이야기 구성요소별(누가, 어디서, 무엇을 등) 모둠의 의견을 적는다. 2. 모둠에서 돌아가면서 이야기 큐빅을 던져서 나온 조건들을 배경을 설정한다. 3. 각자 설정된 조건으로 이야기를 만든다.	관점	큐브 스토리 메이커와 스토리텔링 기법을 표현활동에 창의적으로 활용하였는가

활동 3	이야기의 구성요소를 설정하여 스토리텔링 할 수 있는가?		관점	큐브 스토리 메이커와 스토리텔링 기법을 표현활동에 창의적으로 활용하였는가

		[에듀 북메이킹] 스토리텔링북 마무리하기 - 창의적 사고 역량 에듀 북메이킹 마무리하기 - 창의적 사고 역량 에듀 북메이킹 활동 후 느낀 점 발표하기 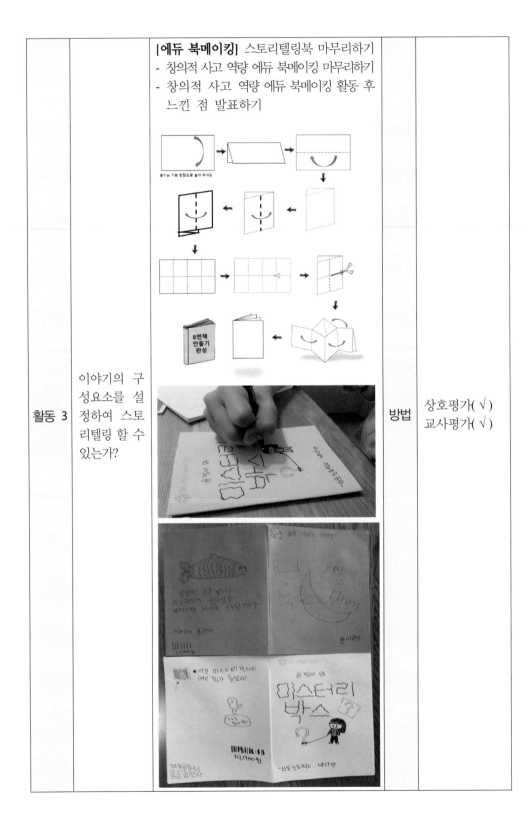		
활동 3	이야기의 구성요소를 설정하여 스토리텔링 할 수 있는가?		방법	상호평가(√) 교사평가(√)

활동 3	이야기의 구성요소를 설정하여 스토리텔링 할 수 있는가?		방법	상호평가(√) 교사평가(√)

(홍길동)활동의 교사평가 루브릭			
평가요소	평가 기준		
	상	중	하
이미지 읽기와 활용	다양한 이미지 자료를 열린 시각으로 자세하게 보고 전달하려는 정보를 찾아 자신만의 개성이 드러나도록 말풍선을 넣을 수 있다. 사진뉴스를 읽고 다양한 정황을 유추하여 인지한 내용을 기사글과 비교하여 이미지와 텍스트간에 전달방법의 차이점을 명확하게 알 수 있다.	다양한 이미지 자료를 자세하게 보고 전달하려는 정보를 찾아 말풍선을 넣을 수 있다. 사진뉴스를 읽고 알게 된 내용을 기사글과 비교하여 이미지와 텍스트간에 전달방법의 차이점을 알 수 있다.	다양한 이미지 자료를 단순하게 보고 말풍선을 넣을 수 있다. 사진뉴스와 기사글을 보고 정보 찾기 활동을 하였다.
구조화 하기	영상을 통해 흐름에 따른 스토리의 구조를 정확하게 이해하고 중심인물 하나를 선택하여 인물의 성격이 잘 드러나도록 줄거리를 정리하여 짜임새 있는 스토리보드를 완성할 수 있다.	영상을 통해 흐름에 따른 스토리의 구조를 이해하고 중심인물 하나를 선택하여 인물의 행동에 따른 줄거리를 정리하여 스토리보드를 완성할 수 있다.	영상을 재미있게 보고 간단하게 줄거리를 이해한 후 중심인물 하나를 선택하여 간단하게 스토리보드를 쓸 수 있다.
표현 하기	육하원칙에서 원하는 요소를 여러 개(2개-4개) 선택하고 요소별로 큐브 단어를 개성있고 독창적으로 정할 수 있다. 자신이 선택한 요소별 갯수대로 큐브 스토리 메이커를 만들고 스토리큐브메이커를 이용한 모둠 게임에 적극적으로 참여하고 자신만의 창의적인 스토리텔링을 통해 8면 스토리텔링북을 완성할 수 있다.	육하원칙에서 원하는 요소를 1-2개 선택하고 요소별로 큐브 단어를 개성있게 정할 수 있다. 자신이 선택한 요소별 갯수대로 큐브 스토리 메이커를 만들고 스토리큐브메이커를 이용한 모둠 게임에 참여하고 자신만의 스토리텔링을 통해 8면 스토리텔링북을 완성할 수 있다.	육하원칙에서 원하는 요소를 1개 선택하고 큐브 단어를 정할 수 있다. 큐브 스토리 메이커를 만들고 큐브 스토리 메이커를 이용한 모둠 게임에 참여하고 스토리텔링을 통해 8면 스토리텔링북을 만들 수 있다.

평가 요소	평가문항	팀명 또는 개인					
		1 모둠	2 모둠	3 모둠	4 모둠	5 모둠	6 모둠
창의적 사고 역량	큐브 스토리 메이커를 활용하여 창의적인 스토리텔링하기	5 ☐ 4 ☐ 3 ☐ 2 ☐ 1 ☐	5 ☐ 4 ☐ 3 ☐ 2 ☐ 1 ☐	5 ☐ 4 ☐ 3 ☐ 2 ☐ 1 ☐	5 ☐ 4 ☐ 3 ☐ 2 ☐ 1 ☐	5 ☐ 4 ☐ 3 ☐ 2 ☐ 1 ☐	5 ☐ 4 ☐ 3 ☐ 2 ☐ 1 ☐
지식 정보 처리 역량	다양한 이미지와 영상을 열린시각으로 읽고 스토리텔링에 활용하기	5 ☐ 4 ☐ 3 ☐ 2 ☐ 1 ☐	5 ☐ 4 ☐ 3 ☐ 2 ☐ 1 ☐	5 ☐ 4 ☐ 3 ☐ 2 ☐ 1 ☐	5 ☐ 4 ☐ 3 ☐ 2 ☐ 1 ☐	5 ☐ 4 ☐ 3 ☐ 2 ☐ 1 ☐	5 ☐ 4 ☐ 3 ☐ 2 ☐ 1 ☐
	합계	점	점	점	점	점	점

(홍길동)활동 상호평가 루브릭(팀 단위 5점 평가)

구분	활동 과정 진술 (활동/배움/성장)
우수 사례 ①	다양한 이미지 자료를 열린 시각으로 자세하게 보고 전달하려는 정보를 찾아 자신만의 개성이 드러나도록 말풍선을 넣었다. 사진뉴스를 읽고 다양한 정황을 유추하여 인지한 내용을 기사글과 비교하여 이미지와 텍스트간에 전달방법의 차이점을 명확하게 말하였다. 영상을 통해 흐름에 따른 스토리의 구조를 정확하게 이해하고 중심인물 하나를 선택하여 인물의 성격이 잘 드러나도록 줄거리를 정리하여 짜임새 있는 스토리보드를 완성하였다. 육하원칙에서 원하는 요소를 여러 개(2개-4개) 선택하고 요소별로 큐브 단어를 개성있고 독창적으로 정하였다. 자신이 선택한 요소별 갯수대로 큐브 스토리 메이커를 만들고 이를 이용한 모둠 게임에 적극적으로 참여하여 자신만의 창의적인 스토리텔링을 통해 8면 스토리텔링북을 완성함으로써 창의적 사고 역량이 크게 성장하였다.
일반 사례 ②	다양한 이미지 자료를 보고 전달하려는 정보를 찾아 간단하게 말풍선을 넣었다. 사진뉴스를 보고 알게 된 내용을 기사글과 비교하여 읽었다. 영상을 통해 간단한 줄거리를 알고 중심인물 하나를 선택하여 줄거리를 정리하였다. 육하원칙에서 원하는 요소를 1개 선택하여 큐브 단어를 정했다. 큐브 스토리 메이커를 만들고 큐브 스토리 메이커를 이용한 모둠 게임에 참여하고 스토리텔링을 통해 8면 스토리텔링북을 만들어 창의적 사고 역량이 성장하였다.

생활기록부 기재용 활동 과정 진술

창의적 사고 역량

요약:

창의적 사고 역량은 학습자가 가지고 있는 지식이나 경험, 기술 등을 융합하여 새로운 것을 창출하는 능력이다.

학습자가 글 없는 그림책과 관련 영상을 읽고 내용을 이해한 후 큐브 스토리 메이커를 활용하여 자신만의 이야기로 스토리텔링 8면책을 완성하는데 중점을 두었다.

용어정리:

▶ 스토리텔링; 스토리텔링은 '스토리(story)'와 '텔링(telling)'의 합성어로 '이야기 짓기'나 '이야기 창작하기'로도 불린다. 더 자세히 풀이하면 "사건의 서술을 통한 스토리 형성하기"로도 정의할 수 있다. 스토리텔링은 "사건의 서술을 통해 삶을 인식하고 표현함으로써 의미를 형성 및 소통하는 활동"이다.

『스토리텔링, 어떻게 할 것인가』 (문지푸른책/ 2015) 참고

▶ 솔라리움 카드: 이미지에 대한 각자의 생각을 통해 상대방의 이야기를 들을 수 있는 도구이다. 50장의 사진을 이용하여 자신의 감정이나 생각을 표현할 수 있다.

▶ 큐브 스토리 메이커: 스토리텔링을 위한 주사위 형태의 교보재로 육하원칙의 항목을 주사위 6면에 각각 표현하여 이야기의 플롯을 구성할 수 있다. 이 때 표현은 그림이나 글, 숫자 등을 사용할 수 있다.

모둠별로 주사위를 굴려 다양하고 창의적인 이야기를 구성하는데 효과적이다.

 함께 보면 좋아요

『왜?』(현암사, 1997)

『만남』(봄봄, 2017)

『머나먼 여행』(웅진주니어, 2014)

 tip: 이런 활동도 가능해요!!

▶ 말풍선에 대사를 넣어 역할극이나 연극대본 만들기

▶ 중요장면을 만화로 표현하기

MEMO

MEMO

06

똑똑! 공동체 역량

전 똑똑이에요. 우린 모두 세계
시민이랍니다. 도움이 필요한
사람들을 위해 **공동체 역량**을
키워 세상을 바꿔 볼까요?

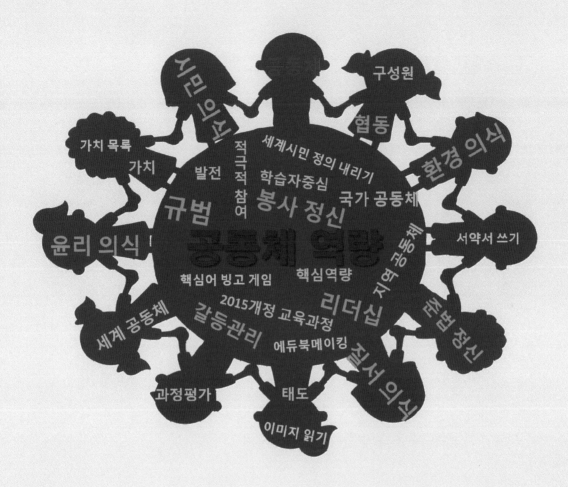

 공동체 역량 워드 클라우드는 2015 개정 교육과정에서 제시하는 중요 키워드인 '갈등관리, 규범, 협동, 리더십, 봉사정신, 윤리의식'을 시각화하여 한 눈에 알아볼 수 있도록 했다. 또한 『누구나 따라하면 키워지는 핵심역량 교수법』이 제시하는 수업의 목표인 '학습자 중심, 과정평가'도 파악할 수 있다. 활동 과정의 키워드는 '이미지 읽기, 세계시민 정의 내리기, 핵심어 빙고 게임, 가치카드 만들기, 세계시민 가치 실천 서약서, 에듀 북메이킹'으로 이해할 수 있다.

1. 수업 설계 배경

"국민이 먼저다! 무사증·난민법 폐지하라!"
"난민 반대에 반대한다. 정부는 유엔 난민 협약을 이행하라!"

지난 2018년 6월 30일 광화문에는 70m를 사이에 두고 예멘난민에 대한 찬반 집회가 열렸다.

한쪽에서는 돈을 벌기 위해 들어온 가짜 난민이 일자리를 위협하고 범죄를 일으킬 위험이 있으니 자국민을 보호하라며 수용 반대 주장을 하였다. 반면 다른 한쪽에서는 유엔의 난민 협약에 따라 인도적 조치로서 그들을 수용하라며 난민입국을 환영한다는 주장을 펴고 있다.

예멘발 제주 난민 문제는 지금까지 우리와는 직접적인 관계가 없는 먼 나라 일이라고 생각하고 있던 우리에게 난민의 문제를 심각하게 받아들이게 하였다.

세계화를 통해 세계는 이미 하나의 지구촌 공동체가 되었다.
국가는 서로 연결되어 있고 상호간 협조가 점점 더 중요해지고 있다.
한 국가에서만 해결할 수 없는 전 지구적 차원의 문제가 많아지고 있다.

지구온난화에 따른 기상이변으로 세계 곳곳에 지진, 산불, 태풍, 허리케인, 쓰나미와 같은 자연재해가 일어나 수많은 사상자와 이재민이 발생하였다.

경제적으로는 신자유주의에 의한 지구촌 곳곳에서의 끊임없는 개발 경쟁과 국가 간의 경제적 불평등으로 인한 빈곤과 기아의 문제로 하루 1,700원이라는 절대 빈곤선 아래에서 14억 인구가 굶주리고 있다. 정치적으로는 인종 간, 종교 간 갈등과 독재와 인권 탄압 및 민주화 시위 등의 문제가 발생하고 있다. 플라스틱과 비닐 같은 무분별한 일회용품의 사용으로 생물과 환경이 몸살을 앓고 있기도 하다. 이런 정치적 경제적 환경적 요인은 난민들을 증가하게 만들고 있다.

지구 공동체의 시민으로서 더불어 살아가는 지구촌을 만들고 함께 문제를 해결하기 위해서는 공동체 구성원으로서 필요한 가치와 태도를 키워줄 공동체 역량이 필수적으로 요구된다. 이웃들의 아픔에 공감하고 다양한 사회와 문화를 수용하고 존중하는 열린 태도를 갖추어야 한다.

> 학습자는 지구촌 뉴스에 얼마나 관심을 갖고 있는가?
> 학습자는 지구촌 문제에 대한 지식을 갖고 있는가?
> 학습자는 지구촌의 문제에 대해 공감을 하는가?
> 학습자는 공동체적인 의식을 갖고 문제해결을 위해 적극적인 태도를 가질 수 있는가?

이런 문제의식을 가진 교수자들을 위하여 '똑똑! 공동체 역량'을 소개한다. '똑똑! 공동체 역량'은 2015 개정 교육과정에서 '공동체 역량'을 키우기 위한 수업 모델을 제시한다.

2. 수업 설계 목표

'똑똑! 공동체 역량'은 『내가 라면을 먹을 때』(하세가와 요시후미/고래이 야기/2009)를 읽고 분석하여 더불어 사는 세계시민으로서 필요한 가치 카드 와 실천 서약서 작성을 학습목표로 설정하였다.

수업 설계는 학습자가 다양한 미디어(그림책, 영상)를 읽고 세계 공동체 에 대한 지식을 습득하고 이해를 넓힌 후, 세계시민으로서 공동체 의식을 갖게 하는 데 있다. 나아가 지구촌의 문제 해결과 변화를 위해 적극적으로 행동할 수 있는 태도를 갖출 수 있도록 하였다.

교수자는 교과목별로 제시된 관련 성취기준을 자신의 수업 목표에 알맞 게 선택하여 사용할 수 있다. 예를 들어 도덕 수업의 경우 '[9도03-03] 세계 시민으로서 요구되는 도덕적 가치를 이해하고, 지구 공동체에서 일어나는 다양한 도덕 문제를 인식하며, 이러한 문제를 개선하려는 참여적 태도를 가 지는 등 세계 시민 윤리의식을 함양할 수 있다.'만 선택할 수도 있고 '[9도 02-04] 이웃의 종류를 구분해 보고, 공동체 속에서 이웃을 배려하고 봉사하 기 위해 타인의 관점을 채택해 보고, 이를 실천하기 위한 구체적인 방법을 제시할 수 있다.'를 추가로 선택하여 수업 목표를 정할 수도 있다.

본 교수안에서는 기능요소 중 성찰하기를 우선적으로 선택하였다. 이외에 추론하기, 예측하기, 표현하기를 추가하였다. 교수자는 자신의 수업 설계 목표에 따라 다른 기능요소를 추가할 수 있다.

핵심질문은 전체 수업과정을 제대로 수행하였는가를 묻는 것으로 공동체 역량에서는 **'세계시민으로서 필요한 가치와 태도를 이해하고 공동체 시민 실천 서약서를 만들 수 있는가?'**를 확인한다.

3. 수업의 실제

활동은 전체 3단계로 구성하였다.

활동 1에서 학습자는 세계시민 관련 이미지 자료들을 보고 연상한 것을 자유롭게 말한다. 이어서 '세계 시민이란 ○○○이다. 왜냐하면 ○○○이기 때문이다.'는 문장을 완성하여 세계시민에 대해 자신만의 정의를 내릴 수 있다. 세계시민에 대해 작성한 문장을 발표함으로써 학습자들은 세계시민 개념을 정리할 수 있다.

교수자는 학습자들의 세계시민 개념에 대한 사고 확장을 안내한다.
예를 들어, 세계시민이란 '외국어를 유창하게 하거나 세계 여행을 많이 다니는 사람, 외국에 친구가 많은 사람들을 넘어 지구 공동체의 다양한 문제에 관심을 갖고 공동체 의식을 갖춘 사람' 등으로 제시할 수 있다.

" 세계시민이란 _____ 다.
왜냐하면 _____ 때문이다. "

활동 1에서 교수자는 교사평가를 통해 학습자의 정의 내리기 활동과 발표 활동을 평가한다.

활동 2에서 학습자는 『내가 라면을 먹을 때』 그림책과 <지구시민이 행복하다>는 영상을 읽고 분석활동을 한다. 학습자는 이웃과 내가 연결되어 있으며 서로 의존하면서 살아가고 있는 지구 공동체의 시민임을 인식할 수 있다.

학습자는 『내가 라면을 먹을 때』 그림책을 읽으면서 '내가 라면을 먹고 있을 때, 혹은 내가 하고 싶은 공부, 취미활동, 휴식 등을 취하고 있을 때, 이웃 나라에 사는 누군가는 가족을 위해 노동을 해야 하고, 때로는 전쟁 때문에 목숨의 위협을 받고 있다는 것을 알 수 있다. 그리고 이웃 나라와 나는 연결되어 있으며 나의 관심이 전쟁 때문에 쓰러진 이웃을 일으켜 줄 수도 있다는 상호 의존성을 이해할 수 있다.

학습자가 때로 문제 상황에 전혀 공감하지 못하는 반응을 보일 수 있다. 이때 교수자는 학습자의 공감을 돕기 위하여 추가적으로 설명을 해야 한다. 또한 지역, 국가, 세계의 문제에 관련된 시의성 있는 뉴스를 참고로 하여 발문할 수 있다.

두 번째 활동으로 학습자는 <지구시민이 행복하다>는 영상을 감상한 후 영상에 나온 핵심단어를 찾아 4×4 빙고 게임을 한다.
교수자는 아래의 발문을 통해 학습자의 관심을 유도한다.

"어떤 문제가 보이나요?"
"왜 이 문제에 관심을 가져야 하나요? 왜 타인의 고통과 문제에 관심을 가져야 하나요?"
"나는 세계시민으로서 어떻게 행동할 수 있을까요?"

〈세계시민 빙고게임〉

			에너지
	지구		
나눔			

교수자의 발문과 빙고게임을 통하여 학습자는 지구촌 문제에 대해 인식하고 세계시민으로서 공감할 수 있다.

학습자는 상호평가를 통해, 교수자는 교사평가를 통해 학습자가 영상을 보고 세계시민과 관련된 핵심어를 찾아냈는가를 평가한다.

활동 3은 이전의 활동에서 갖게 된 세계시민으로서의 공동체 의식을 실천적 차원으로 확장하는 데 목표가 있다.

학습자는 교수자가 제시한 다양한 가치 목록을 보고 자신이 세계시민으로서 필요하다고 생각하는 가치를 4개 선택한다.

〈가치 목록〉

감사, 겸손, 관용, 기뻐하는 마음, 끈기, 믿음직함,
배려, 성실, 사랑, 신중함, 너그러움, 봉사, 사랑,
상냥함, 소신, 열정, 예의, 용기, 이해, 인정, 정의로움,
존중, 진실함, 유머, 자신감, 친절, 인내, 창의성,
한결같은 마음, 열린 마음, 헌신, 협동, 화합, 양심

교수자가 가치목록에 중요하다고 생각하는 다른 가치를 추가할 수 있다.

학습자는 가치카드 앞면에 선택한 가치에 대한 자신만의 정의를 쓰고 뒷면에 그 가치를 자신이 실천할 수 있는 방법을 적는다. 이와 같은 방법으로 4장의 가치카드를 작성한다. 학습자는 카드를 작성하면서 평소 자신이 공동체 역량을 키우기 위해서 어떤 가치들이 필요했는지를 성찰하고 적극적인 태도를 가질 수 있다.

〈예시〉

〈가치카드 만들기〉

세계시민 가치카드 1

열린 마음

〈앞면〉

열린 마음이란, 자신의 생각과 다르더라도 새로운 생각을 받아들이고, 자신의 생각을 수정하는 것이 어렵지 않은 것. 기존의 가치관을 고집하지 않는 것을 말함.

세계시민 가치카드 1

열린 마음

〈뒷면〉

열린 마음을 갖기 위해서 나는 상대방이 이야기하는 것을 귀기울여 들어 보고 나와 의견이 다를 때 다투기보다 왜 그런 생각을 하는지를 이해해 보겠다.

학습자는 자신이 선택한 가치를 4개 열거하고 실천을 다짐하기 위한 내용으로 서약서를 작성한다. 세계시민으로서 공동체 역량을 키우고 보다 책임감을 갖도록 하기 위한 활동이다.

<세계시민 가치 실천 서약서>

나 .... 는 세계시민으로서
(선택한 가치 4가지를 써넣고)

....

....를

실천하겠습니다.

2019년   월   일

...................................(인)

　학습자는 작성한 자신의 세계시민 서약서를 발표한다. 학습자 상호간에
공유한다.

　마무리 활동으로 학습자는 표지꾸미기 활동을 한다. 표지에 서약서를 넣
을 주머니를 붙이고 제목과 만든이 등을 넣어 세계시민 공동체 에듀 북메이
킹을 완성한다.
　세계시민 공동체 에듀북을 전시하고 느낀 점을 발표한다.

　활동 3에 대한 평가로 학습자는 상호평가를 통해, 교수자는 교사평가를
통해 평가한다.
　이 때의 평가기준으로 학습자는 가치를 자신의 언어로 정의내리고 실천

할 수 있는 방법을 작성하여 가치카드를 완성했으며, 서약서를 작성하고 발표했는가를 상호평가한다.

교수자도 위의 내용을 중심으로 구체성과 완성도를 평가기준으로 삼는다.

4. 평가

공동체 역량은 지구촌 문제에 대한 공감과 공동체 의식에 대한 성찰이 중요하다. 평가의 주안점은 세계시민 공동체 에듀북의 완성도보다는 가치카드와 서약서 작성의 구체성에 두도록 한다.

평가는 모두 세 가지로 교사평가와 상호평가, 생활기록부 기재용 진술문을 예시 자료로 첨부하였다.

교사평가 루브릭은 세 단계 평가로 실시할 수 있으며 상호평가 루브릭은 학생들 상호간에 실시한다. 생활기록부 기재용 진술문은 과정평가로 세 단계 예시를 제시하였다.

교육과정·수업·평가·기록의 일체화를 위한 활동지도안 mem: media edu makers

팀 활동	개인 활동
(　　　　　팀) 팀원:	(　　　)학교 (　　)반 (　　)번 이름 :

활동명	**똑똑! 세계 시민으로 가는 길 에듀 북메이킹** 더불어 사는 세계시민 가치카드와 실천 서약서
관련 성취 기준	※ 교사가 진행하고자 하는 활동 중심으로 다음 성취 기준 중 선별하여 사용할 수 있다. □ [9국01-06] 청중의 관심과 요구를 고려하여 말한다. ☑ [9국02-02] 독자의 배경지식, 읽기 맥락 등을 활용하여 글의 내용을 예측한다. ☑ [9국02-07] 매체에 드러난 다양한 표현 방법과 의도를 평가하며 읽는다. ☑ [9도03-03] 세계시민으로서 요구되는 도덕적 가치를 이해하고, 지구 공동체에서 일어나는 다양한 도덕 문제를 인식하며, 이러한 문제를 개선하려는 참여적 태도를 가지는 등 세계 시민 윤리의식을 함양할 수 있다. ☑ [9도02-04] 이웃의 종류를 구분해 보고, 공동체 속에서 이웃을 배려하고 봉사하기 위해 타인의 관점을 채택해 보고, 이를 실천하기 위한 구체적인 방법을 제시할 수 있다. □ [9진01-03] 대인관계의 중요성을 이해하고, 가족, 친구, 선생님, 이웃 등 주변 사람들과 적절한 관계를 맺을 수 있다. ☑ [9미02-04] 주제의 특징과 표현 의도에 적합한 조형 요소와 원리를 탐색하여 효과적으로 표현할 수 있다.
학습 목표	더불어 사는 세계 시민이 되기 위한 가치 덕목을 찾고 실천을 위한 가치카드와 서약서를 만들 수 있다.
기능 요소	※ 교사가 선택한 관련성취기준에 따라 다음 기능요소는 선택하거나 추가하여 진행할 수 있다. 예측하기(√) 탐구하기( ) 평가하기( ) 비판하기( ) 통합하기( ) 추론하기(√) 판단하기( ) 성찰하기(√) 분류하기( ) 제안하기( ) 조사하기( ) 표현하기(√) 발표하기(√)
핵심 질문	세계시민으로서 필요한 가치와 태도를 이해하고 공동체 시민 서약서를 만들 수 있는가?

순서	소재적 핵심질문	학습 경험		평가활동
활동 1	세계시민을 이해하고 자신의 생각을 발표할 수 있는가?	**[이미지 연상]** 이미지 읽고 말하기 • 짝 활동{팀 활동}으로 세계시민 관련 이미지를 보고 자유 연상하여 말하기 (예시 이미지: 세계여행/지구/다문화/ 올림픽/세계화/외사친/관광/UN등 (https://openclipart.org) 	관점	이미지와 질문을 통해 세계시민에 대한 개념을 이해하고 문장 카드를 만들었는가
		• 예시 질문에 답하기 - 여러 나라에 친구들을 많이 알고 있는 사람. - 영어를 유창하게 하는 사람. - 세계여행을 많이 다니는 사람. **[문장 카드]** 세계시민으로 문장 만들기 • 카드에 자신이 생각하는 세계시민의 뜻을 완성하기 " 세계시민이란 .... 다. 왜냐하면 .... 때문이다." • 완성된 문장카드 발표하기	방법	상호평가( ) 교사평가(√)

활동 2	세계시민 관련 미디어를 읽고 핵심단어로 빙고카드를 채울 수 있는가?	**[그림책 읽기]** 그림책을 함께 읽으며 이웃과 나의 관계에 대해 질문하기 ※ 참고: 『내가 라면을 먹을 때』 (예시 질문) - 친구OOO(은)는 무엇을 하고 있을까? - 인도네시아에서 지진을 겪은 사람들은? - 화재로 희생된 유가족들은? - 북한의 어린이들은 ? • 인상 깊었던 장면 발표하기 **[영상 빙고]** 지구시민영상 감상하고 빙고 카드 만들기 • 팀 활동으로 '지구시민(global citizen)이 행복하다'를 함께 감상 후 핵심단어를 빙고 카드에 기록하기 　**영상주소:** https://www.youtube.com/watch?v=0AdsQ3vexwU **[발문하기]** 영상보고 발문하기 "어떤 문제가 보이나요? " "왜 이 문제에 관심을 가져야 하나요? 왜 타인의 고통과 문제에 관심을 가져야 하나요?" "나는 세계시민으로서 어떻게 행동할 수 있을까요?" • 4X4 빙고 카드를 이용하여 2줄 빙고놀이하기 	**관점**	그림책과 영상을 읽고 핵심단어를 정리 했는가 ※ 시의성 있는 사건을 참고하여 발문 할 수 있다. ※ 예시질문은 그림책을 읽으며 중간에 질문할 때 활용할 수 있다.
			방법	상호평가(√) 교사평가(√)

활동 3	'세계시민 공동체 에듀북'을 마무리할 수 있는가?	**[가치카드]** 세계시민 가치카드 만들기
		• 세계시민이 필요한 가치 목록 만들기
		• 가치목록 중 4개를 선택하여 가치카드 만들기(앞면, 뒷면)
		  - 앞면 : 가치에 대한 자신의 정의 쓰기
		  - 뒷면 : 내 삶에서의 실천 내용 쓰기
		
			관점	세계시민 가치카드와 서약서를 넣어 메이킹북으로 표현 했는가

		[서약서] 더불어 사는 세계시민 서약서 쓰기 <세계시민 가치 실천 서약서> 나 ....는 세계시민으로서 (선택한 가치 4가지를 써넣고)		
활동 3	'세계시민 공동체 에듀북'을 마무리할 수 있는가?	....를 실천하겠습니다. 2019년 월 일 ....(인) • 나만의 서약서 만들기 • 나만의 서약서 발표하기 - 예시 이미지 	관점	세계시민 가치 카드와 서약서를 넣어 메이킹북으로 표현 했는가

			관점	세계시민 가치 카드와 서약서를 넣어 메이킹북으로 표현 했는가
활동 3	'세계시민 공동체 에듀북'을 마무리할 수 있는가?	[에듀 북메이킹 마무리] '세계시민 공동체 에듀북' 마무리하기 • 북 형태를 만들어 활동 카드 넣고 표지 완성하기 • '세계시민 공동체 에듀북'을 전시하고 느낀 점 발표하기	방법	상호평가(√) 교사평가(√)

(홍길동) 활동의 교사평가 루브릭			
평가요소	평가 기준		
	상	중	하
정보읽기와 활용	세계시민 관련 다양한 이미지를 읽고 세계시민에 대해 연상함으로써 개념을 이해하고 자신만의 구체적인 정의를 내릴 수 있다.	세계시민 관련 다양한 이미지를 읽고 세계시민에 대해 연상함으로써 개념을 이해하고 간략하게 정의를 내릴 수 있다.	세계시민 관련 다양한 이미지를 읽고 세계시민에 대해 연상함으로써 개념을 이해할 수 있다.
매체활용과 문제인식	책과 영상을 통해 세계 여러 나라의 이웃과 나의 관계를 알고 세계시민으로서 요구되는 도덕적 가치를 인식하여 핵심단어를 주도적으로 찾아 빙고놀이를 할 수 있다.	책과 영상을 통해 세계 여러 나라의 이웃과 나의 관계를 알고 세계시민으로서 요구되는 도덕적 가치를 알고 핵심단어를 찾아 빙고놀이를 할 수 있다.	책과 영상을 통해 세계 여러 나라의 이웃과 나의 관계를 알고 세계시민으로서 요구되는 도덕적 가치를 인식할 수 있다.
적용과 표현	더불어 사는 세계시민에게 필요한 가치 목록을 만들고 그 중 4개를 선택하여 가치카드를 작성하고 세계시민 공동체 의식과 실천방법을 구체적으로 표현한 자신만의 서약서를 완성할 수 있다.	더불어 사는 세계시민에게 필요한 가치 목록을 만들고 그 중 2개만 선택하여 가치카드를 작성하고 세계시민 공동체 의식과 실천방법을 표현한 자신만의 서약서를 완성할 수 있다.	더불어 사는 세계시민에게 필요한 가치 목록을 만들고 그 중 1개를 선택하여 가치카드를 작성하고 자신만의 서약서를 쓸 수 있다.

		팀명 또는 개인					
평가요소	평가문항	1 모둠	2 모둠	3 모둠	4 모둠	5 모둠	6 모둠
공동체 역량	자유 연상활동과 세계시민 가치 목록을 통해 세계시민에게 필요한 가치카드를 만들고 실천을 위한 서약서 쓰기	5 ☐ 4 ☐ 3 ☐ 2 ☐ 1 ☐	5 ☐ 4 ☐ 3 ☐ 2 ☐ 1 ☐	5 ☐ 4 ☐ 3 ☐ 2 ☐ 1 ☐	5 ☐ 4 ☐ 3 ☐ 2 ☐ 1 ☐	5 ☐ 4 ☐ 3 ☐ 2 ☐ 1 ☐	5 ☐ 4 ☐ 3 ☐ 2 ☐ 1 ☐
지식정보 처리 역량	그림책과 영상을 활용하여 세계시민에 대한 정보를 수집하고 정의내리기	5 ☐ 4 ☐ 3 ☐ 2 ☐ 1 ☐	5 ☐ 4 ☐ 3 ☐ 2 ☐ 1 ☐	5 ☐ 4 ☐ 3 ☐ 2 ☐ 1 ☐	5 ☐ 4 ☐ 3 ☐ 2 ☐ 1 ☐	5 ☐ 4 ☐ 3 ☐ 2 ☐ 1 ☐	5 ☐ 4 ☐ 3 ☐ 2 ☐ 1 ☐
합계		점	점	점	점	점	점

(홍길동)활동 상호평가 루브릭(팀 단위 5점 평가)

201

생활기록부 기재용 활동 과정 진술	
구분	**활동 과정 진술 (활동/배움/성장)**
우수 사례 ①	세계시민 관련이미지를 보고 짝 활동으로 세계시민에 대해 자유롭게 연상한 것을 말하고 세계시민 정의 카드에 자신이 생각하는 세계시민의 정의를 내렸다. 세계시민 그림책『내가 라면을 먹을 때』를 함께 읽으며 세계 여러 나라의 이웃과 나의 관계에 대하여 질문하고 책에서 인상 깊었던 장면을 발표하였다. 모둠 활동으로 세계시민 관련 영상을 함께 감상 후 주체적으로 핵심단어를 찾아 빙고 카드에 기록하고 빙고놀이를 하였다. 세계시민이 되기 위해 필요한 가치 목록을 만들고 가치목록 중 4개를 선택하여 가치카드의 내용을 충실하게 기록하였다. 더불어 사는 세계시민이 되기 위한 자신만의 서약서를 쓰고 발표하였다. 마무리 활동으로 '세계시민 공동체 에듀북'을 완성하였다. 위에서 배운 내용을 통해 공동체 역량과 지식정보처리 역량이 월등하게 성장하였다.
일반 사례 ②	세계시민 관련이미지를 보고 짝 활동으로 세계시민에 대해 자유롭게 연상한 것을 말하고 세계시민 정의 카드에 정의를 썼다. 세계시민 그림책『내가 라면을 먹을 때』를 함께 읽으며 세계 여러 나라의 이웃과 나의 관계에 대하여 생각하고 책에서 인상 깊었던 장면을 찾았다. 모둠 활동으로 세계시민 관련 영상을 함께 감상 후 빙고놀이에 참여하였다. 세계시민이 되기 위해 필요한 가치 목록을 만들고 가치목록 중 2개를 선택하여 가치카드를 만들었다. 더불어 사는 세계시민이 되기 위한 서약서를 썼다. 마무리 활동으로 '세계시민 공동체 에듀북'을 완성하였다. 위에서 배운 내용을 통해 공동체 역량과 지식정보처리 역량이 성장하였다.

공동체 역량

 요약:

공동체 역량은 지역, 국가, 세계 공동체의 구성원에게 요구되는 가치와 태도를 가지고 공동체 발전에 적극적으로 참여하는 능력이다. 그림책과 관련 영상을 읽고 분석하여 더불어 사는 세계시민으로서 필요한 가치카드와 실천 서약서 작성을 하는데 중점을 두었다.

 용어정리

▶ 세계시민: 더불어 사는 지구촌을 만들기 위해 공동체의식을 바탕으로 다양한 지구촌의 문제에 관심을 가지고 그 문제를 해결하기 위해서 적극적으로 행동하는 사람을 말한다

▶ 세계시민 가치 목록: 세계시민으로서 갖추어야 할 덕목으로 감사, 겸손, 배려, 성실, 열정, 책임감 등이 있다.

 함께 보면 좋아요

『왜?』(현암사, 1997)

『거짓말 같은 이야기』 (시공주니어, 2011)

『아름다운 가치사전』 1,2 (한울림어린이, 2015)

『초코곰과 젤리곰』 (한솔수북), 2015

『왜 세계의 절반은 굶주리는가?』 (갈라파고스, 2016)

 tip: 이런 활동도 가능해요!!

▶ 인터뷰하기- 도움이 필요한 사람의 입장을 공감하여 말하기

▶ 연설문 작성하기- 세계시민을 위해 UN 연설문 쓰고 발표하기

MEMO

MEMO

워드 클라우드
"한 눈에 보아야 쉽다"

워드 클라우드의 정의

워드 클라우드(word cloud)란 문서의 키워드, 개념 등을 직관적으로 파악할 수 있도록 핵심 단어를 시각적으로 돋보이게 하는 기법이다. 예를 들면 많이 언급될수록 단어를 크게 표현해 한눈에 들어올 수 있게 하는 기법 등이 있다. 주로 방대한 양의 정보를 다루는 빅데이터(big data)를 분석할 때 데이터의 특징을 도출하기 위해 활용한다.

[네이버 지식백과] 워드 클라우드 (시사상식사전, pmg 지식엔진연구소)

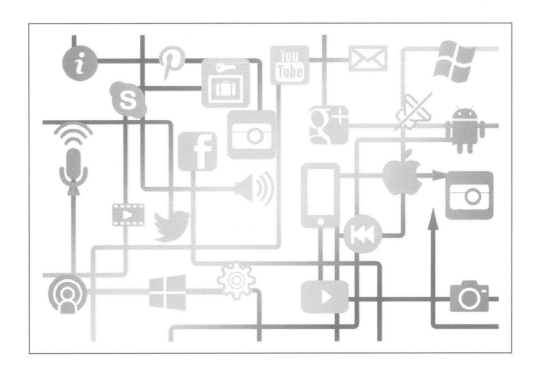

워드 클라우드 활용법

『누구나 따라하면 키워지는 핵심역량 교수법』에서는 워드 클라우드 표현 방법을 응용하여 각 역량별 핵심 내용을 시각화하여 표현하였습니다.

쉽게 활용할 수 있는 방법은 다음과 같습니다.

1. 워드 클라우드 쉽게 만드는 방법

① 주제와 관련된 전체 텍스트(이미지, 기사 등)를 읽는다.

② 텍스트에서 자주 나온 단어를 체크한다.

③ 단어별 노출 빈도수를 체크한다.

④ 노출 빈도별로 중요도를 분류하여 단어 정리표에 정리한다.

⑤ 워드 클라우드 활동지에 표현한다.

2. 워드 클라우드 제작 순서

① 전체 텍스트의 양을 살펴 표현할 단어의 갯수를 정한다.

② 표현할 단어 갯수에 따라 단계를 나눈다.

　(예: 대략 4단계 이상으로 나누는 것이 내용을 전달하기 좋다.)

③ 각 단계별 색깔, 크기를 정한다.

　(예: 핵심 단어일수록 색상은 진하게, 글자 크기는 크게 표현한다.)

④ 중요도에 따라 단어의 위치를 정한다.

　(예: 1단계 : 워드 클라우드 활동지의 정중앙, 2단계 : 중앙에 가까운 주변, 3단계 : 중앙에서 먼 주변, 4단계 : 가장자리 등)

⑤ 모둠수업에서 활용할 때는 모둠원 개인별로 각자 하나씩 주제와

관련된 자료를 읽은 후 서로 체크하는 과정을 통해 노출 빈도수를 확인하여 사용하면 효과적이다.

〈워드 클라우드 단어 정리표〉

1 단계	주제 단어					
2 단계	가장 중요한 단어					
3 단계	중요한 단어					
4 단계	나의 배경 지식 + 나온 단어					

워드 클라우드 적용 예시

1. 〈직장 내 장애인 인식개선〉 주제의 워드 클라우드 제작 과정

① 주제와 관련된 텍스트 자료를 읽는다.

② 핵심어를 중요도에 따라 분류하여 단어 정리표로 작성한다.

③ 워드 클라우드 활동지에 직접 표현한다.

2. 워드 클라우드 작성 Tip

① 단어는 주로 가로로 작성하지만 강조하고 싶은 단어는 세로로 표현해도 좋다. (예: 2단계 언론노출을 강조하기 위해 세로로 표현함)

② 글자의 색상은 단계별로 선정한 색을 사용하되 강조하고 싶은 단어는 비슷한 다른 색으로 표현해도 좋다. (예: 2단계 적극적 고용제도를 강조하기 위해 하늘색으로 표현함)

③ 배경 그림을 도형의 형태나 주제 관련 이미지로 사용하면 더 효과적이다.

1단계	주제단어	직장내 장애인 인식 개선				인
2단계	가장 중요한 단어	적극적 고용제도	언론노출	고용부담금	고용장려금	식
		장애인고용촉진 및 직업 재활법	3.1%	3.4%		
3단계	중요한 단어	장애 인권	고용환경개선지원	사업주지원제도	보조공학기기 비용지원	개
		작업지도원 배치비용지원				
4단계	나의 배경지식 + 나온 단어	정당한 편의제공	자립권리 실현	반말 금지	장애인 복지법	선
		표준사업장 인증	노인 임산부	국가인원위원회	생존권 노동권 보장	
		실업률 6.6%	고용의무제	고용률 34.5%	중증장애	

MEMO

MEMO

이 책에 사용한 이미지와 참고자료들

16쪽 교육부

29쪽 픽사베이

32쪽 모바일 리서치 오픈 서베이 '콘텐츠 트렌드 리포트 2018'

44쪽 픽사베이

67쪽 픽사베이

131/139쪽 픽사베이

151쪽 픽사베이

164쪽 http://images.search.yahoo.com

164쪽 소년조선일보 2017년 11월 26일

165쪽 소년한국일보 2018년 11월 6일

195쪽 https://openclipart.org

195쪽 픽사베이

209쪽 픽사베이

- 본문의 서술 과정에서 인용한 예시, 예문의 원저작자에 대해서는 주석과 참고문헌을 통해 출처를 명시하였습니다. 그 외에 미처 저작권 여부를 확인하지 못한 채 사용한 예시, 예문이 있는 경우 출판사로 연락주시면 수정, 해결하도록 하겠습니다.
- 한국콘텐츠연구소

  https://koreabookedu.modoo.at

허성희

한국콘텐츠융합연구소 대표이며 한국지역사회교육연구원 연구교수, 한국언론진흥재단 미디어교육 전문강사, 한국교육놀이문화협회 부회장, 창의신로코칭연구소 수석연구원, 취뽀 코치, 씨네쿱 이사 외 다수 역임하고 있다. 창의·인성·성공 역량을 키우는 'SDP역량카드' 공동 개발자이며 저서로는,『뇌를 깨우는 Brain Eduplay'(공저)』, 『스마트폰 길라잡이'(공저)』가 있다.

최난경

한국콘텐츠융합연구소, 한국북네트웍스 수석연구원이며 이화여자대학교 기독교학과 여성신학전공 석사. 현재 한국언론진흥재단 미디어교육 전문강사, 재미있는 느티나무 온가족 작은도서관 운영위원 및 강사, 병영독서코칭 강사, SDP 역량카드 강사로 독서, 논술, 미디어, 진로, 북아트 강의를 하고 있다. 저서로『왜 그 여자와 이야기하십니까? (공저)』가 있다.

정인숙

한국콘텐츠융합연구소 수석연구원이며 명지대학교 사회교육대학원 평생교육학과 토론지도전공 석사 졸업예정이다. 현재 한국언론진흥재단 미디어교육 전문강사, 병영독서코칭 강사, SDP역량카드 강사, 국공립도서관과 학교의 NIE·논술·진로 강사로 활동 중이다. 저서로『수업에 바로 적용하는 듣기말하기, 토의토론 방법(공저)』이 있다.

한윤선

한국콘텐츠융합연구소 수석연구원이며 현재 한국언론진흥재단 미디어교육 전문강사, 조선일보 광화문 NIE교육센터와 조선일보 뉴지엄에서 NIE 전문강사, 병영독서코칭 강사, SDP역량카드 강사, 학부모 독서교육과 초중등학생 NIE·독서, 역사논술·진로 강사로 활동 중이다. 서울시, 고양시 초등학교에서 방과후교실과 시사논술 특강을 진행했다.

누구나
따라하면
키워지는

핵심역량
교수법

초판인쇄 2019년 7월 26일
초판발행 2019년 7월 26일

지은이 허성희·최난경·정인숙·한윤선
펴낸이 채종준
펴낸곳 한국학술정보㈜
주소 경기도 파주시 회동길 230(문발동)
전화 031) 908-3181(대표)
팩스 031) 908-3189
홈페이지 http://ebook.kstudy.com
전자우편 출판사업부 publish@kstudy.com
등록 제일산-115호(2000. 6. 19)

ISBN 978-89-268-8910-7 93370